LOS PADRES SON MAESTROS

EL MÉTODO BOWDOIN

Dedicado a todos los padres que se han dado cuenta de que convertir a sus hijos en personas despiertas y perceptivas es lo más natural del mundo.

Ruth Bowdoin

LOS PADRES SON MAESTROS

EL MÉTODO BOWDOIN

EDICIONES TH

Ediciones TEMAS DE HOY

Autores: Ruth Bowdoin
Juan Carlos Torre
Julia Altares
Coordinación: María Hernández
Ilustradores: Frederick Tupper Saussy
Miguel Guillén

Diseño cubierta: Sidecar
Ilustración cubierta: Carlos Moreno

Paseo de la Castellana, 93, 14.ª 28036 Madrid
ISBN: 84-86675-34-0
Depósito legal: M. 8.654/1988
Fotocomposición: Fernández Ciudad, S. L.
Impresión: GREFOL
Printed in Spain. Impreso en España

ÍNDICE

PRÓLOGO

Algunas indicaciones para leer con provecho este libro

El libro *Los padres son maestros* es un *método*, es decir, un modo de hacer algo sistemático y con orden. Su aplicación continuada introducirá un nuevo estilo de relación entre padres e hijos. En los estudios realizados en Estados Unidos para validar el método, los padres lo ponían en práctica durante ocho meses y obtenían mejoras sustanciales en la educación de sus hijos. Por otro lado, en el programa de intervención Head Start, que afectó a más de medio millón de niños en edad preescolar a partir de 1965, se recomendaba que las estrategias educativas tuvieran una duración en torno a los dos años. No obstante, a pesar de que los mejores resultados se consiguen con la aplicación sistemática del método BOWDOIN, no dude el lector que, incluso de su utilización puntual o más flexible, obtendrá importantes beneficios educativos. ¿O acaso no es provechoso el hecho de coparticipar, de estar juntos y disfrutar padres e hijos?

En realidad, la autora propone el asentamiento de nuevas pautas de relación y comunicación entre los miembros del núcleo familiar y solicita, en el fondo, una revisión de los comportamientos, actitudes y nivel de atención y dedicación prestada al niño. Este nuevo estilo de crianza se expone en diez capítulos que pueden agruparse en dos grandes bloques temáticos: uno, cognitivo, referido al ámbito intelectual; otro, afectivo, más centrado en los sentimientos y en la relación interpersonal. El primero ocupa los capítulos 3, 4, 8, 9, 10; el segundo, los capítulos 1, 2, 5, 6, 7. En estos dos últimos apartados se sugieren nuevos criterios sobre la disciplina (normas, prohibiciones, premios y castigos, etc.) que los padres podrán adoptar.

En el terreno cognitivo se hace especial hincapié en que el niño domine un amplio vocabulario básico. Para ello, se aprovechan los recursos que proporciona el mismo hogar y los frecuentes contactos que se dan entre padres e hijos. Está suficientemente comprobado que el aprendizaje escolar se facilita en la medida que se posea en mayor grado un extenso conocimiento del léxico y una estructuración más compleja de las frases.

En el campo afectivo se pretende, sobre todo, que los padres favorezcan en sus hijos la creación de sentimientos positivos hacia sí mismos. Diversos autores han puesto de relieve la estrecha relación existente entre la imagen que el alumno tiene de sí y su progreso escolar (1). De ahí que la autora insista tanto en la necesidad de experimentar éxito en la escuela como en la necesidad de sentir la valía y la seguridad personales. Así, por ejemplo, el afán por aprender nuevas palabras se justifica porque posibilita la consecución de mejores resultados escolares, pero también porque ayuda al niño a ordenar con su pensamiento el mundo en el que vive y le hace sentirse capaz y valioso. JONES y GRIENECKS llegan a afirmar que los datos relativos al autoconcepto sirven para pronosticar con mayor fiabilidad el éxito académico que los resultados de los tests de inteligencia (2).

El hecho de que el libro se presente con una determinada estructuración temática no significa que haya de leerse por ese orden. Antes bien, sería preferible que fuera leído según los intereses o necesidades específicas de los padres en determinados momentos.

¿Por qué un método para los padres? ¿Acaso desconocen lo que han de hacer con sus hijos? Todo padre elabora, aunque no sea de forma manifiesta o explícita, teorías espontáneas sobre la educación de sus hijos. Estas teorías guían su proceder y surgen de la consideración de lo que debe ser un adulto competente, es decir, del ideal de adulto que el padre o la madre se han creado a lo largo de su vida. Criterios sobre la elección de estudios universitarios, sobre las amistades que desean para sus hijos, sobre los programas de televisión, etc., reflejan las ideas que dirigen el comportamiento de los padres. Por tanto, en contra de lo que en ocasiones se ha defendido, los padres tienen ideas y criterios educativos, los padres no son seres "descerebrados" que lo único que hacen es reaccionar ante la conducta de sus hijos.

Sin embargo, con demasiada frecuencia constatamos en nuestra práctica educativa la desorientación de padres que no saben cómo "acertar", que desconocen los principios esenciales de la pedagogía y la psicología y que no han recibido una formación específica para ser padres. ¿Cómo actuar ante una rabieta del niño? ¿Qué hacer cuando da muestras repetidas de pasividad y de falta de interés por todo? ¿Cuál es la pauta que se debe seguir en la utilización de premios y castigos? ¿Cómo se deben afrontar los brotes de agresividad? Preguntas para las que muchos padres preocupados no encuentran respuestas adecuadas. De ahí la validez de un método como el de Ruth Bowdoin, pues proporciona pistas para evitar el uso excesivo del método por ensayo y error (intentarlo una y otra vez hasta encontrar la solución) y posibilita no caer en la trampa del sentido común no verificado científicamente, al que tantas veces se recurre equivocadamente.

El método BOWDOIN se centra en las relaciones que se establecen entre padres e hijos. Tradicionalmente se ha postulado la importancia casi exclusiva del papel de la madre en el desarrollo infantil. Hoy día parece falaz encuadrar al niño en un mundo social de dos personas (madre e hijo) y no está justificado el olvido del papel del padre en el núcleo familiar. Igualmente, el enfoque tradicional de la estructuración familiar se basaba en un modelo de influencias de única dirección en el que la conducta de los padres afectaba al niño según una relación causal lineal. Posteriormente, se puso de relieve la doble dirección de las influencias (no sólo de padres a hijos, sino de hijos a padres) y el control que realiza el niño sobre la conducta de los padres, por ejemplo, en el recurso al lloro para conseguir algo. En la actualidad, la familia tiende a considerarse como un microsistema o reducido conjunto de elementos en interacción, en el que son significativas no sólo las relaciones yo-tú, sino las establecidas entre tres o más personas. Se entiende la familia como un sistema de relaciones múltiples en el que se incluye también a los hermanos y terceras personas que convivan en el domicilio familiar (3). Esta perspectiva actual se completa con otros contextos de influencia de los que los padres ya son conscientes, a saber, las guarderías, el colegio, la familia de los padres, los medios de comunicación, los valores y creencias sociales, etc. Este punto de vista de la familia como sistema inserto en otros sistemas sociales debe prevalecer en la lectura de este libro.

Finalmente, enumero esquemáticamente algunas consideraciones que facilitarán la comprensión y la utilización de este texto:

1. El método no pretende idealizar la figura y la actuación paternas. Propone más bien un patrón de conductas al que se tiende, *un estilo de ser padre;* debe evitarse que los padres se echen la culpa sistemáticamente cuando no se alcance el ideal enunciado. Además, los padres deben saber que las experiencias tempranas son relevantes, sobre todo, si se viven de forma persistente y si reciben apoyos contextuales también en el futuro.
2. Las sugerencias ofrecidas son extensibles a otras situaciones y ambientes. El libro se

refiere a trabajos para realizar en casa, pero, lógicamente, ese tipo de actuaciones y de relación con el niño puede practicarse también por la calle, en el campo, al ir de compras, etc.

3. Este método no intenta suplantar al profesor como especialista de la enseñanza. La autora cree firmemente en la colaboración mutua entre padres y profesores para mejorar la educación. Los padres son maestros en cuanto que, conscientemente o no, enseñan a sus hijos, pero su actuación no reemplazará al profesor en tareas específicas suyas como, por ejemplo, la enseñanza de la lectura. Los padres, según este método, preparan a sus hijos para que dispongan de las habilidades y conocimientos básicos para aprender a leer.

4. El niño aprende incesantemente, pero no necesariamente lo que los padres quieren enseñarle de forma intencional. Es de todos sabido que la relación enseñanza-aprendizaje no siempre es lineal ni directa: no todo lo que se enseña se aprende y, a veces, se aprenden cosas que no se ha pretendido enseñar. Así, un niño puede no captar las directrices que su padre le explica para la resolución de una tarea y sí la paciencia o impaciencia del padre, un estilo de comunicación o un determinado lenguaje.

5. El papel de los padres ha de consistir, prioritariamente, en *plantear problemas adecuados* a las capacidades del niño, y no tanto ofrecerle soluciones para que éste las memorice y repita. El aprendizaje a través de la *acción* y la *exploración* prevalecerá sobre el pasivo o memorístico. El método sugiere que los padres lleven la iniciativa, pero no de una manera exclusiva. En ocasiones serán los hijos quienes propongan actividades creativas y los padres quienes las secunden.

6. Las tareas y las ideas sugeridas serán especialmente interesantes para padres con *niños en edad preescolar*. El buen entender de los padres elegirá, variará, simplificará o complicará las actividades propuestas, de acuerdo con el desenvolvimiento y edad de su hijo.

7. Este libro es el resultado de ocho años de experimentación en el campo de la educación familiar. Los consejos vertidos en él no son fruto de la improvisación. La mayoría de ellos se basan en investigaciones psicopedagógicas actuales. En el apartado siguiente justifico la base científica del método BOWDOIN.

La actualidad científica del contenido

¿Cuáles son las condiciones óptimas para una crianza eficaz de los hijos? La respuesta a esta cuestión enmarca el contenido de este libro de una manera precisa. Varios autores se han ocupado recientemente de este tema, pero ha sido BRONFENBRENNER (1985) quien ha formulado cuatro requisitos que resultan imprescindibles en la educación de los hijos. En primer lugar, el niño debe poder observar y participar en tareas cada vez más complejas a través de la guía de personas con las que ha establecido una relación emocional positiva. En segundo lugar, el niño debe contar con oportunidades, recursos y estímulos para implicarse en las actividades aprendidas, pero ahora sin la dirección del adulto. La tercera condición se refiere a la necesidad de que el principal adulto encargado de la educación del niño reciba el apoyo de otros adultos (el otro padre, los abuelos, amigos próximos) cercanos al niño. Y, finalmente, la acción educadora se potencia si los diversos contextos en los que vive el niño están interrelacionados a través de la comunicación y de las actividades compartidas (4). El estilo educativo que se propugna en el libro de R. Bowdoin coincide esencialmente con las dos primeras condiciones mencionadas.

Otro autor, LAUTREY (1983) trata de identificar el tipo de estructuración familiar más adecuado para lograr un máximo desarrollo intelectual. Investiga el sistema educativo familiar y su relación con la capacidad intelectual de los hijos en 46 familias de París con hijos de diez años. Cree que, en la familia, el comportamiento se organiza a base de reglas específicas, de costumbres (a las que llama organizadores elementales) y del lenguaje, de los valores y del tipo de estructuración (organizadores de segundo orden). Estudia tres tipos de estructuración:

el ambiente aleatorio o *débilmente estructurado*, en el que no existe regla alguna que modere las actividades del niño; el medio *estructurado rígidamente* se caracteriza porque ciertas normas inmutables fijan lo que el niño debe hacer, y la *estructura flexible* incluye la existencia de pautas de acción modificables racionalmente, según las circunstancias que la acompañan. Un ejemplo de esta última forma de organización sería el poder ver la televisión de seis a siete de la tarde, como norma general; este criterio variaría en función de la valía de los programas, del día de la semana y, pongamos por caso, de la obligación de hacer tareas escolares para el día siguiente. LAUTREY demuestra que los niños educados en ambientes débil o rígidamente estructurados obtienen peores resultados intelectuales que los educados en medios flexiblemente estructurados. Observa, además, que consiguen un mejor rendimiento medio en los tests los hijos de los padres que valoran en aquéllos cualidades como la curiosidad de espíritu y el sentido crítico (5).

¿Qué principios del aprendizaje debieran tenerse en cuenta en ese ambiente flexible y capaz de estimular el pensamiento del niño? Los hombres aprendemos algunas acciones, temores o sentimientos por *asociación*, es decir, por la coincidencia en el tiempo y en el espacio de varios estímulos que nos hacen establecer determinados nexos entre ellos y que facilitan que los relacionemos en el futuro. Imagínense las consecuencias de la asociación de una situación desagradable para el niño con el intento de aprender a leer.

En otras ocasiones, aprendemos a través de las consecuencias de nuestra conducta, es decir, de los efectos positivos o negativos de tales conductas. Fue THORNDIKE (1911) quien formuló la *ley del efecto* que sirve de base a la afirmación anterior, pero es SKINNER (1953) quien más ha contribuido al desarrollo de esta idea (6). Un comportamiento tiende a incrementarse cuando conduce a la aparición de algo agradable para la persona (refuerzo positivo) o a la eliminación o conclusión de algo negativo para el individuo (refuerzo negativo). Pero, ¿no estarán los niños actuales demasiado recompensados? ¿No será excesivo tanto alabar su conducta? Corremos, sin duda, el riesgo de producir lo que se ha llamado una saciación de refuerzos, es decir, una saturación que no ayuda al niño a discriminar entre lo que ha hecho bien o mal. Sin embargo, un niño preescolar es capaz de absorber una gran cantidad de refuerzos, que pueden alcanzar la cifra de sesenta por hora en algunos casos. Los refuerzos utilizables pueden ser de tipo *social* (alabanzas, atención), *simbólico* (dinero, notas), *material* o *de actividad* (un juego, un rato de ocio, una tarea divertida). Se observa una creciente utilización por parte de los padres de refuerzos materiales. Es evidente que la presentación constante de refuerzos de gran valor trae consigo la pérdida de valor de esos refuerzos. Sería necesario que los padres reconsideraran, ante casos de sobredosis reforzadoras y en el síndrome de abstinencia, la eficacia de la atención personal y de los reforzadores sociales en general.

Los padres saben que un rato disponible para montar un rompecabezas resulta gratificante para un niño, pero puede suponer un castigo para otro. Esta experiencia pone al descubierto el *carácter subjetivo del refuerzo*, por lo que se debiera identificar qué actividades, objetos o conductas son relevantes para modificar la actuación del niño. En general, si se trata de adquirir una nueva conducta, el niño aprenderá más rápidamente si se le refuerza por cada respuesta correcta emitida. Pero una vez que la respuesta ha sido dominada, el refuerzo intermitente será más eficaz para mantenerla. Esta intermitencia pretende eliminar, además, un posible *mercantilismo* en las actuaciones de padres e hijos ("yo hago esto a cambio de que tú me ofrezcas aquello") y establecer un *autocontrol* de la persona y de su comportamiento, no necesariamente sujeto a factores externos a ella (7).

Sin embargo, los hombres aprenden gran parte de su conducta a través de la *observación*. Es lo que se conoce como aprendizaje vicario o por medio de modelos o, más sencillamente, aprendizaje a través de las acciones de los demás (8). Ningún padre se sorprenderá porque su hijo imite su conducta, reproduzca sus mismas palabras o riña a su muñeco como él suele ser regañado. En el mundo adulto sucede algo semejante: la observación o el recuerdo de la conducta de los demás guía nuestra acción en múltiples situaciones, por ejemplo, al decidir qué tenedor utilizar en una cena de gala o cuándo despedirnos tras una reunión, etc.

Esta forma de aprender "en cabeza ajena" pone de relieve el valor del ejemplo, es decir, la importancia de la congruencia entre lo que los padres dicen y lo que hacen. En otras palabras, el aprendizaje de nuevas conductas se facilita cuando los padres sirven de *modelo* de esas conductas. De igual manera, es probable que un niño aprenda qué consecuencias siguen al quebrantamiento de una norma si observa el castigo que recibe su hermano por transgredirla. Este hecho permite a los padres influir sobre la conducta de sus hijos de forma indirecta a través de valoraciones o críticas que efectúen al comportamiento de otras personas. Por medio del aprendizaje observacional se explican ciertas tendencias de agresividad en los niños (9), algunas conductas consumistas inducidas por la publicidad y determinadas formas antisociales de actuación, entre otras manifestaciones del comportamiento.

Ahora bien, en el aprendizaje y en el desarrollo intelectual infantil, la *actividad* surgida de la propia iniciativa del niño juega un papel predominante. A través de la experiencia, de la observación y de la exploración de su entorno, el niño va dándose cuenta de cómo puede aplicar lo que ya sabe y de los cambios que debe introducir para adaptarse a nuevas situaciones. El niño debe reestructurar sus esquemas de pensamiento para encontrar soluciones ante sucesos o hechos novedosos o extraños para él. Este proceso de desconcierto inicial, búsqueda y hallazgo de nuevas interpretaciones ante la realidad favorece en gran medida el desarrollo intelectual del niño preescolar. Por eso, los padres debieran proporcionar una considerable práctica física con los objetos al alcance del niño, utilizar accesorios y ayudas visuales para que entienda lo que se le está enseñando y estimular la manipulación de objetos variables en su forma, pero constantes en su masa (10).

Pero es probable que el niño no actúe a no ser que tenga *confianza en sí mismo* y se sienta interesado por ello. La opinión que el niño tenga sobre sí mismo se relaciona íntimamente con su capacidad para el aprendizaje y con su rendimiento. El autoconcepto o imagen que el niño tiene de sí se va fraguando desde muy pequeño en su relación con los demás. *Los padres*, principalmente, *actúan a modo de espejo* que devuelve una imagen determinada al hijo. Si los padres opinan constantemente desde una perspectiva negativa de sus hijos y si les califican con frecuencia de inútiles e incapaces, irá apareciendo en ellos una pobre imagen de su valía. Si, además, en la calle, con sus amigos, y en el colegio se repiten las mismas relaciones, tendremos una persona con baja autoestima y un mínimo sentimiento de estimación propia. No extrañe a los padres que su hijo desarrolle conductas pasivas o inhibidas ("si no sirvo para nada, ¿para qué lo voy a intentar?") o agresivas ("no soporto verme como me veo"). El primer caso puede resultar más preocupante por cuanto que, a veces, los padres confunden al niño de baja autoestima con el tímido o introvertido. No se extraiga como conclusión que los padres deben supervalorar a sus hijos: una adecuada autoestima se establece mejor cuando el niño obtiene pistas para discriminar entre su buena y su mala conducta, entre sus aciertos y sus errores. Pero sí es necesario que los padres realcen, valoren y apoyen las realizaciones positivas de sus hijos y no que las dejen pasar inadvertidas, apelando a que las han hecho porque era su obligación. Además, el niño tiene otras fuentes de información para formarse una imagen de sí: *su propia actividad y la de los demás.* A lo largo del desarrollo, el niño se da cuenta de cuáles son sus destrezas o habilidades cuando las practica y cuando ve esas mismas actuaciones en los demás. Tiene así otro punto de referencia para identificar su valía. Si, en diferentes actividades y durante un largo período de tiempo, el niño se siente torpe o incapaz, será más propenso a desarrollar sentimientos negativos hacia sí mismo. De ahí la necesidad de que pueda ejercitarse en un amplio abanico de campos de actuación que presenten niveles variados de exigencia y dificultad. Por ejemplo, si no es muy hábil en el fútbol, que pueda serlo jugando al baloncesto o practicando judo.

Sin propia estimación es difícil que el niño se enfrente a los aspectos más desfavorables de sí y a las posibles manipulaciones externas. Por el contrario, los niños con autoconceptos positivos elevados aparecen como activos; hacen amigos con facilidad; tienen sentido del humor; participan en la planificación de proyectos; toman parte en las discusiones; sienten cierto orgullo por las contribuciones propias y, en fin, viven habitualmente felices y confiados.

Muy en relación con la autoestima se encuentra *la motivación* o el interés del niño. La mayoría de los profesores de educación primaria y secundaria coincidirían en afirmar la carencia de motivación de los alumnos por los temas escolares. ¿Cómo puede un padre de un niño preescolar acrecentar la curiosidad y el interés de su hijo? Resulta imprescindible que el niño se sienta capaz de realizar la tarea y que espere acertar o conseguir lo que se propone antes de iniciarla. Es decir, debe mantener altas sus expectativas de eficacia. ¿Por qué? Una barrera que frena el éxito en la ejecución es la carencia de motivación y uno de los componentes de esa motivación es la esperanza de éxito. Ahora bien, hay una especie de contagio u ósmosis entre las expectativas de los padres y las de los hijos. Se ha demostrado que los alumnos de quienes se espera altos logros suelen ser más interrogados en clase, disponen de más tiempo para responder y reciben preguntas más difíciles. También son más estimulados y recogen una información complementaria más adecuada (11). Dicho de otra forma, si los padres esperan que sus hijos sean capaces de resolver una tarea, les comunicarán esta expectativa de forma sutil (gestos, expresiones) o directa, con lo cual sus hijos adquirirán más confianza para realizar ese trabajo. Sería algo así como el poder del pensamiento positivo. Esta fuerza se revela especialmente eficaz si se inculca en edades tempranas y si es apoyada desde diversos ámbitos relevantes para el niño.

Por otro lado, se ha estudiado el clima hogareño de los niños altamente motivados (12). Los padres de estos niños les proporcionan mayor atención afectiva, aceptan a sus hijos como hombres independientes y se fijan para sí mismos el mismo nivel de aspiraciones que ellos exigen para sus hijos. Además, sólo imponen restricciones óptimas (entre la blandura y la excesiva dureza) y les ayudan a esperar rendir según sus capacidades, de forma realista.

A pesar del interés y dedicación de los padres, es inevitable que, en ocasiones, surjan los *problemas*. Las negativas, las rabietas y oposiciones o la pasividad e inhibiciones aparecerán en el hogar y serán fuente de conflicto educativo. Más arriba mencionábamos las ventajas para el desarrollo intelectual de una relación familiar flexiblemente estructurada. Hablábamos también de la necesidad de manejar adecuadamente los refuerzos positivos y los castigos (¡sorprendamos al niño siendo bueno!). Ambas ideas deben considerarse de nuevo aquí. Pero, ¿qué significa flexibilidad? La mayoría de los padres se situarían en un punto medio entre permisividad y rígido control, creyendo que su actuación era la normal y la correcta. La diversidad de teorías sobre la disciplina no clarifica el panorama para los padres (13).

Ser flexible supone, en primer lugar y aunque parezca contradictorio, establecer ciertos límites a la conducta de los hijos. Se favorece así el aprendizaje de normas de comportamiento y se posibilita la génesis y el desarrollo de la autodirección personal y de la conciencia. Ser flexible implica, además, ser capaz de ponerse en el lugar del niño. Esta empatía o comprensión de la perspectiva del hijo evitará interpretar su conducta permanentemente como desafío intencionado y reaccionar de forma visceral ante los problemas. Por último, ser flexible significa reconocer que también los hijos necesitan, al igual que los adultos, saber quiénes son (identidad), establecer relaciones, tener cierto poder e influencia y obtener frutos de su trabajo (rendimiento). Podrá surgir un problema de disciplina si entran en conflicto la satisfacción de las necesidades de los padres, de los hijos y de la propia familia en cuanto grupo. Numerosos problemas tomarán otro cariz, si se interpretan como una necesidad de atención o de afirmación personal, en lugar de como un acto de rebeldía.

La disciplina, por tanto, no se asemeja a obediencia en una atmósfera de control ni a sometimiento a la autoridad porque sí. La disciplina es un *medio* para conseguir el autocontrol del niño en situaciones sociales. Si se considera como un fin en sí misma pierde su sentido primordial.

Aprendizaje, motivación, autoestima y disciplina son temas nucleares en la investigación sobre psicología de la educación. Sirva el somero recorrido de este prólogo para justificar cuán interesantes pueden resultar a los padres las prácticas ideas de Ruth Bowdoin. Este libro consigue, a mi juicio, acercar los principios psicopedagógicos más recientes a los padres interesados en la creación de un ambiente más estimulante y feliz para sus hijos.

Juan Carlos TORRE PUENTE
Profesor de Psicología de la Educación

REFERENCIAS

1. MUSITU, G. y ROMAN, J. M., "Autoconcepto: una introducción a esta variable intermedia", *Universitas Tarraconensis,* 1982, IV/1, 51-69.
2. JONES, J. G. y GRIENECKS, L., "Measures of self perception as predictors of scholastic achievement", *Journal of Educational Research,* 1970, 63, 201-203.
3. VEGA VEGA, J. L., *Psicología evolutiva (II),* Madrid, UNED, 1985, 136-142.
4. BRONFENBRENNER, U., "Contextos de crianza del niño. Problemas y prospectiva", *Infancia y aprendizaje,* 1985, 29, 45-55.
5. LAUTREY, J., *Clase social, medio familiar e inteligencia,* Madrid, Visor, 1985.
6. SKINNER, B. F., *Ciencia y conducta humana,* Barcelona, Fontanella, 1977, 4.ª ed.
7. PINILLOS, J. L., "La dimensión educativa del refuerzo", en *1.er symposium sobre aprendizaje y modificación de conducta en ambientes educativos,* Madrid, INCIE, 1975, 23-45.
8. BANDURA, A., *Teoría del aprendizaje social,* Madrid, Espasa-Calpe, 1982.
9. VALLEJO-NÁGERA, A., *Mi hijo ya no juega, sólo ve la televisión,* Madrid, Temas de Hoy, 1987, 113-125.
10. WOOLFOLK, A. E. y MCCUNE, L., *Psicología de la educación para profesores,* Madrid, Narcea, 1983, 70-71.
11. Ibid., págs. 350-355.
12. ASCHERSLEBEN, K., *La motivación en la escuela y sus problemas,* Madrid, Marova, 1980.
13. CURWIN, R. L. y MENDLER, A. N., *La disciplina en clase,* Madrid, Narcea, 1983, 87-125.

CAPÍTULO 1

CÓMO APRENDE EL NIÑO

Objetivo:
Conocer cómo aprenden las personas y, especialmente, los niños.

Contenido:
1. El aprendizaje, a través de los sentidos.
2. La práctica, el ejercicio y el movimiento como impulsores del aprendizaje.
3. La imitación, una forma constante de aprender.
4. Los factores motivacionales del aprendizaje: la curiosidad, los incentivos, los castigos y recompensas.

Observaciones:
— Tu hijo está aprendiendo siempre: empieza a aprender desde el momento que nace.
— Cada niño aprende a su propio *ritmo*. Los niños difieren unos de otros en lo que se refiere al ritmo de aprendizaje.
— Hay cosas difíciles de aprender: no insistas de forma agobiante cuando tu hijo encuentre dificultades.
— Te recuerdo que mientras él está ocupado aprendiendo ciertas cosas, va captando otras simultáneamente.
— Es posible que tu hijo aprenda sin que tú tengas constancia de ello. El niño puede manifestar lo aprendido de forma diferida, o no manifestarlo. Aprendizaje y actuación o rendimiento son conceptos distinguibles.

El niño aprende observando

"¡Mamá. Déjame ver! Ésta es una de las maneras más importantes con las que yo puedo aprender."

La madre dice: "Mira los peces en la pecera. Observa cómo nadan. Las aletas los ayudan a nadar y la cola a moverse de un lado para otro. Suben y se zambullen hasta el fondo. ¡Mira cuántas burbujas hay en el agua! ¿Por qué crees que se forman?"

¡Sí! Oservar es importante en el desarrollo de tu hijo. Con la vista aprende muchas cosas y ¡él quiere aprender! Ayúdalo a ver muchas cosas. Si no puede observar algunas cosas en la realidad, entonces enséñale láminas o fotos. Hazle preguntas y FELICÍTALO cuando acierte.

Más adelante,tu hijo empleará la vista para ver palabras y leerlas. Y tú querrás que tu hijo lea bien. Le ayudará mucho en la lectura el haber visto las cosas sobre las que lee y saber el significado de las palabras que las describen. Como quieres que el niño aprenda a leer bien, examínale la vista regularmente. Cualquier dificultad en la visión, por pequeña que sea, puede causarle trastornos en el aprendizaje.

El niño aprende escuchando

"¡Abre los oídos y escucha!"

Tu hijo aprende oyéndote hablar. Escuchándote, aprende el significado de muchas palabras y comprende muchas cosas.

Cuando el niño oiga los ruidos de la calle, sabrá si los produce un camión, un coche, una motocicleta, una ambulancia o un avión de reacción.

Tu hijo conoce también los sonidos que producen los animales. Distingue las diferencias entre el "muuu-muuu" de una vaca, el "guau-guau" de un perro y el "cuac-cuac" de un pato.

También hay sonidos en la casa. El goteo de un grifo estropeado, el timbre del teléfono y el sonido de las pisadas van adiestrando el oído de tu hijo para los sonidos más difíciles que se pueda encontrar, al empezar a leer.

Cuando el niño comience a leer, podrá escoger palabras que rimen y palabras que suenen muy diferentes. La habilidad que tenga para oír lo ayudará a leer mejor.

Ayuda a tu hijo para que aprenda **escuchando**.

El niño aprende oliendo y saboreando

Los niños están siempre husmeando y, cuando algo les parece raro, la curiosidad les lleva a oler o probar el objeto.

El olor del pan recién hecho o los bizcochos, les hace la boca agua y se meten corriendo en la cocina.

Ciertos olores los alejan del peligro: el humo, el del gas, etc.

Los polvos de talco, el perfume, las lociones y las flores les huelen bien. Sin embargo, ni el olor de la cebolla, ni el de la canela, ni el del vinagre, ni el del café agradan a los niños.

Aunque el olfato y el gusto no sean tan importantes para el aprendizaje como los otros sentidos, influyen de alguna manera en el aprendizaje global del niño.

El niño y el sentido del tacto

"¡No toques eso!"

Ciertamente, los niños no deben tocar los objetos que se rompen fácilmente, ni los que puedan herirlos.

Sin embargo, los niños aprenden mucho tocando. La vista y el oído son los sentidos más importantes en el aprendizaje del niño. Pero el tacto también es importante.

Los gatitos son suaves y delicados; los perros tienen el pelo sedoso; los conejos son peludos. Pero, como hay muchos niños que temen a los animales, también hay otras cosas que tocar: la corteza dura de un árbol, la suavidad del algodón, la superficie resbaladiza del plástico o la aspereza del papel de lija.

Tocando y palpando, tu hijo aprenderá a apreciar las formas: círculos, cuadrados, triángulos. Y, mediante el tacto, también podrá saber el tamaño de las cosas.

Dale la oportunidad de tocar y palpar los objetos y háblale de ellos, para que aprenda el significado de nuevas palabras.

El niño aprende haciendo cosas

Cuantas más cosas haga, más aprenderá.

Hacer es aprender. Cuando el niño hace algo, emplea los cinco sentidos, aunque la acción sea muy sencilla. Recoger los juguetes, secar una superficie mojada, cuidar a un animalito o a una planta son acciones que enseñan al niño. Jugar con arena, barro o nieve, también enseñan, pues, en realidad, esto es explorar la naturaleza.

Jugar también es hacer. **El niño aprende mucho jugando**. Cuando lo hace, pone en práctica sus habilidades, su imaginación y su capacidad creativa. Se expresa, resuelve dificultades y descubre cosas por sí mismo.

Permite, pues, que tu hijo haga cosas.

El movimiento y el aprendizaje

Los niños aprenden con el movimiento. Los pequeños necesitan actividad constante. Todo niño debe poder caminar y correr a sus anchas; subir y bajar escaleras, solo; andar de puntillas y saltar con los pies juntos. Los niños necesitan juegos que los ayuden a controlar los músculos. Para aprender a controlar los músculos más importantes, el niño debe correr, caminar, brincar, trepar, saltar y balancearse. El ejercicio rítmico, con música, y el baile, le ayudan en el desarrollo y control de esos músculos.

Una vez desarrollados éstos, el niño debe poner su atención en los músculos más pequeños. Debe sujetar bien sus lápices de colores y debe poder seleccionar y clasificar objetos. Dale una caja con compartimientos (como las de embalar huevos) y haz que coloque en ella botones, chapas de botellas, macarrones crudos o monedas, poniendo juntos los objetos de una misma clase.

Aprender a atarse los zapatos es un buen ejercicio para los músculos finos, así como hacer rompecabezas, que es, además, un magnífico ejercicio mental.

Jugar con bloques de construcción, cuentas, o simples macarrones, para hacer collares, es una gran ayuda para este desarrollo.

Cuando tu hijo sea capaz de moverse bien, permítele hacer todo esto. El ejercicio de sus músculos más finos permitirá que la vista y las manos funcionen acompasadamente, lo cual será una gran ayuda en el futuro, cuando el niño comience a leer y a escribir.

La motivación y el aprendizaje

Generalmente, no nos gusta hacer lo que no nos sale bien.

El niño hace mejor las cosas cuando recibe estímulo y motivación. Todo niño debe querer aprender y este estímulo lo recibe en el hogar.

La madre puede decirle:

"¡Cuánto te has divertido mirando ese libro!" (así el niño querrá verlo otra vez).

"¡Qué bien te ha quedado el dibujo!" (El niño se esmerará, cuando haga el próximo.)

"Sé que a tu profesora le gusta tu letra." (El niño se esforzará, cada vez más, al escribir.)

Una palmadita en la espalda, para animarlo a que enseñe su trabajo al padre o a la abuela, estimulará al niño para que continúe aprendiendo y esforzándose.

"De tal palo, tal astilla." Efectivamente. El niño quiere ser como sus padres; hablar como ellos hablan, parecerse a ellos y hacer lo mismo que ellos hacen.

Y, lo que es más, los niños aprenden a sentir lo que nosotros sentimos. Si somos generosos, lo serán. Si tenemos paciencia, la tendrán. Si nos alegramos por los demás, también nuestros hijos se alegrarán.

Y, si amamos, amarán. De esta manera se les ofrece la oportunidad de llegar a ser buenos ciudadanos y buenos vecinos.

¡Qué importante es que los padres y los maestros den buen ejemplo!

El niño aprende imitando

El niño aprende repitiendo

"Mamá, dímelo otra vez." El aprendizaje consiste en recordar, y la repetición es la base de este proceso.

¿Te has fijado en que tu hijo quiere oír el mismo cuento, la misma canción o el mismo disco una y otra vez? Así lo desea y, en cada ocasión, aprende y recuerda algo más. El niño va acumulando conocimientos basándose en lo que ya sabe.

Los niños mayores también necesitan ejercitarse, repitiendo, para recordar algunas cosas.

Pero, ¡cuidado! Supón que el niño no repite correctamente. Muchas veces él mismo se dará cuenta y se corregirá; otras, tendrás que ayudarlo tú. Recuerda que también se puede aprender lo malo o lo incorrecto.

Hay cosas importantes que requieren repetición, aun después de que parecen sabidas. Esta práctica sirve para ejercitar aún más la memoria. No obstante, llega un momento en el que la repetición puede ser descorazonadora y no sea útil para aprender más. Llegado este punto, no se deberá insistir.

Cuando tu hijo repite para aprender, la palabra clave es DIVERSIÓN. La repetición nunca debe ser una tarea desagradable. Recuerda el antiguo proverbio: "Se puede llevar un caballo al abrevadero, pero no hay quien lo obligue a beber." Es importante conseguir que el niño continúe repitiendo con interés.

La curiosidad en el aprendizaje

"¿Por qué, mamá?"

A veces no sabemos la respuesta. No todas las preguntas son fáciles, pero, si el niño te pregunta algo, es porque quiere saber.

Debemos contestar como mejor podamos, sencillamente, pero siempre diciendo la verdad. Y, si no sabemos, nunca nos hagamos los desentendidos. Digámosle: "Lo averiguaremos."

Cuando el niño se encuentre ante situaciones u objetos que le llamen la atención, le "picará" la curiosidad. Necesita experiencias para ejercitar sus sentidos. Ofréceselas.

De la misma manera, cuando te paras pacientemente para mostrarle al niño una piedra rara o una flor, o cuando juntos observáis las mariposas que van de flor en flor o una semilla en el jardín, **estás enseñando a tu hijo**. Estás contribuyendo a que el niño desarrolle su curiosidad. Lo estás estimulando **para que desee** aprender.

Cómo se desarrollan los buenos hábitos

El aprendizaje incluye la memoria, pero se hacen muchas cosas que no requieren raciocinio. A esto lo llamamos hábito o costumbre.

Los adultos nos lavamos los dientes, ponemos el despertador o nos paramos ante una luz roja, sin pensar en estas acciones. En realidad, hacemos éstas y muchas otras cosas mientras pensamos en otras. Sería dificilísimo tener que pensar cómo dar cada uno de los pasos que requieren todas nuestras acciones.

Tu hijo debe aprender muchos buenos hábitos. Entre éstos: cepillarse los dientes, recoger los juguetes, acostarse voluntariamente a la hora señalada, esperar su turno, vestirse solo, tener buenos modales en la mesa y muchas otras cosas que tienen valor ahora y lo tendrán en el futuro.

Claro que es importante que el niño piense en lo que hace, pero aprenderá a hacer bien muchas cosas sin necesidad de pensar.

Ayuda a tu hijo a cultivar buenos hábitos asegurándote de que está capacitado para hacer lo que se le enseña. **Forzar** a un niño a hacer algo para lo que no está capacitado puede traer malas consecuencias.

Altibajos, en el aprendizaje

"¡Madre mía, cuánto ha aprendido mi niño! Va aprendiendo rapidísimamente." Pero puede que no sea así siempre. La mayor parte de los niños tienen "arrebatos" de aprendizaje de la misma manera que crecen súbitamente. Estos "arranques" fascinan a los padres.

Pero, más adelante, se produce un "estancamiento". Parece que tu niño aprende más lentamente que otros. Da la impresión de que su aprendizaje cae en picado y hasta tiene que volver sobre lo que ya ha aprendido. ¡Es posible que se esté preparando para un próximo salto!

Esto no debe alarmarte. Puede ser normal en tu hijo, como lo es en muchos otros niños. Aprovecha esta ocasión para asegurarte de que tu hijo no tiene defectos físicos o problemas emocionales que lo abrumen y hagan que se detenga.

Recuerda que el aprendizaje de tu hijo puede ser rápido, menos rápido, un poco lento, lento y, de repente, otra vez rápido. Si crees que tu hijo se ha detenido en el aprendizaje es probable que en esa etapa de su crecimiento ese ritmo de aprendizaje sea el normal.
TEN PACIENCIA.

Métodos de enseñanza

Tu hijo aprende mirando, oyendo, oliendo, saboreando y tocando las cosas. Aprende el significado de dulce, agrio, amargo y salado, probando primero y observando después. El niño aprende a hacer un rompecabezas mirando y tocando las piezas.

Estas experiencias son buenas, pero, ¿recordáis el cuento de los tres ciegos que tocaron al elefante? Un ciego tocó el costado y creyó que era una pared; otro toco una pata y pensó que era el tronco de un árbol; el último tocó la trompa y creyó que era una soga. Los tres ciegos respondieron incorrectamente.

A veces el niño tiene que ver el TODO primero y luego las PARTES. Si, al hacer un rompecabezas, el niño ve que las figuras principales son un árbol y unos pájaros, colocará más fácilmente el resto de las piezas.

Ir del todo a las partes o **de las partes al todo** no importa. Ambos métodos son buenos. Úsalos, para enseñar a tu hijo.

Asociaciones y equivocaciones

"¡Perrito!" dice el niño que ve una oveja en el campo. El niño no tiene razón, pero tampoco está totalmente confundido. Es un animal. Tiene cuatro patas, es del tamaño de muchos perros y del mismo color que muchos otros. El niño «conoce» los perros, pero no las ovejas.

"El nuevo aprendizaje" (palabras, cosas, experiencias) necesita del "antiguo", como punto de partida. Estimula al niño para que "adivine" nuevos significados basándose en lo que ya sabe. Déjalo adivinar y corrígelo con paciencia.

Para que tu hijo aprenda cosas nuevas es necesario que se base en lo que ya ha aprendido. La zona de lo conocido debe **ampliarse siempre,** con la ayuda de los padres.

El castigo y el aprendizaje

"¡Mamá, no me des tan fuerte!" El castigo es, a veces, eficaz, pero no siempre lo son los resultados. Igual que las medicinas, el castigo puede tener efectos secundarios nocivos. A veces, el niño aprende lo que pretendes, cuando lo castigas, pero también aprende COSAS MALAS y hasta puede aprender a ODIAR.

El castigo justo y leve (ningún otro es aceptable) es eficaz para impedir que el niño haga cosas que lo perjudiquen. Siempre que sea posible, el castigo debe consistir en que el niño repare el mal que ha hecho: limpiar la leche que ha derramado, lavar la alfombra que ha manchado o arreglar lo que ha roto. Si es capaz de comprender el PORQUÉ, todo castigo se le debe explicar. Si el niño es pequeño, se le debe castigar en el momento de la acción y levemente, si se trata de corregir su mal comportamiento.

En el caso de niños de más edad, el castigo puede darse en un ambiente cordial, cuando el niño **comprende** por qué se le castiga. Incluso, el mismo niño puede decir la clase de castigo que se le debe dar. (Generalmente, el niño es más severo consigo mismo de lo que podrías ser tú con él.)

A la hora de aprender, siempre hay lugar para el castigo merecido.

Las recompensas y el aprendizaje

"Mamá, ¿qué está dándole ese señor al pajarito?", pregunta el niño.

"Creo que es un insecto. Así, la próxima vez que lo llame, el pajarito vendrá", responde la madre.

Así también son los niños. Una recompensa (un elogio merecido o una palmadita en la espalda) provocará en el niño el mismo buen comportamiento en futuras ocasiones, si no se exagera.

Las recompensas ayudan al niño a cultivar buenos hábitos y buen comportamiento. Pero no se les debe recompensar su aprendizaje con DINERO u OBJETOS. ¿Por qué? Porque, con frecuencia, elevamos mucho las metas que imponemos a los niños. A menudo, dicen los padres: "Te daré dinero por cada buena nota que saques." Esto sería justo para el niño hábil que aprende fácilmente. Pero los niños son distintos, y puede que, para algunos, sacar una buena nota sea sumamente difícil. Si lucha DEMASIADO, si está DEMASIADO ansioso, si tiene DEMASIADO miedo, el niño no podrá complaceros, e incluso podrían ocurrir cosas muy desagradables. El niño que se encuentra presionado hasta el punto de sentirse extremadamente nervioso, asustado e inseguro, puede llegar a ser víctima de una inestable salud mental. Esto no significa que no se le deba exigir su máximo RENDIMIENTO, sino que debemos evitar perjudicar a nuestros hijos pidiéndoles lo que no pueden darnos.

Ofrece recompensas pequeñas, pero con frecuencia. Los premios esporádicos no son suficientes para mantener el aprendizaje activo. No deben usarse para imponer al niño actuaciones o tareas superiores a sus fuerzas o habilidades. Tampoco compares lo que pueda hacer tu hijo con lo que puedan hacer otros. No importa si hay diferencia de edad entre el tuyo y los otros.

A la hora de enseñar al niño, una recompensa inteligente y a tiempo es mejor que cualquier castigo.

Lo mejor de todo es el cariño

Para empezar a aprender, el niño necesita sentirse querido. El niño que es querido aprende más fácilmente porque se siente seguro y feliz con sus padres y de esta manera aprende a sentirse también seguro y feliz con los demás.

Querer a un niño no significa malcriarlo. Un "NO, eso no se hace", dicho con delicadeza, le da seguridad al niño.

Los niños saben que son queridos por la manera en que les hablamos, los miramos y los tratamos.

La actitud que tenga una persona hacia los demás dependerá, en gran medida, del trato y cariño que recibió durante los primeros años de su vida.

Definitivamente, los niños aprenden con más facilidad cuando son queridos por sus padres y sus profesores.

Resumen

Si tu hijo sólo llevara la cabeza de un sitio a otro, los profesores y los padres no tendríais problemas con él.

¿No es ésta una afirmación extraña? Claro que lo es.

Porque tu hijo se desplaza con todo su cuerpo y, a veces, se revuelca, se contorsiona, se mueve. En ocasiones, parece que todo movimiento es poco.

Todo el cuerpo del niño participa del aprendizaje. Su estado físico, su salud mental y sus relaciones sociales son partes importantes de su desarrollo. Los educadores saben que el aprendizaje del niño depende de su capacidad intelectual (cerebro), de sus relaciones sociales (vivir en comunidad), de su salud emocional (qué opina de sí mismo y de los demás), y de su desarrollo físico.

Todo padre que desea lo mejor para su hijo intentará que éste se desarrolle normalmente en todos estos aspectos.

¡Sé un buen padre! Ayuda a que tu hijo se desarrolle plenamente, poniendo todos esos aspectos en relación.

CAPÍTULO 2

MI MAMÁ ME AMA

Objetivo :
Conseguir que el niño esté a gusto consigo mismo y con los demás y se acepte tal como es.

Contenido:
El capítulo trata sobre las necesidades psicológicas básicas que toda persona intenta satisfacer, a saber, la necesidad de:
— sentirse querido,
— ser aceptado,
— tener seguridad personal,
— tener un control y unos límites,
— ser orientado,
— autorrealizarse.

Observaciones:
— Las necesidades que se mencionan en este capítulo son las más habituales y básicas. Es posible, no obstante, que tu hijo presente otras diferentes.
— La satisfacción de estas necesidades emocionales básicas creará una personalidad psicológicamente saludable en tu hijo.
— Las ocho sugerencias apuntadas deben ser tenidas en cuenta siempre. Es importante que configuren *tu estilo de ser padre* y que no reflejen sólo actuaciones aisladas.

Amor

¡Mi mamá me ama!
Ella dice que se preocupa por mí.
A veces me besa.
Se sienta cerca de mí y me abraza fuerte.
"¡Cuánto te quiero!", me dice.
¡Mi mamá me ama!

¿Cómo le demuestro mi cariño?

Mi rostro se lo dice.
Esto no siempre es fácil; pero intento que sea así. El niño me observa, cuando me enfado, si las cosas van mal. El niño nota esto y por eso trato de sonreír más en esos momentos. Esto es bueno porque el niño piensa que soy feliz. No tengo por qué hacerle partícipe de mi malhumor o de mi tristeza.

Se lo dicen mis caricias.
Las caricias son una muestra clara del cariño que le tengo. Cuando está mimoso, lo abrazo o le cojo la mano; cuando se ha hecho daño, le consuelo; cuando llora, le seco las lágrimas; cuando está cansado o cuando le leo un cuento, le tengo entre mis brazos.

Se lo digo con palabras.
A veces, le digo: "Te quiero mucho." Mi hijo sabe que no tengo que *decirlo*. Él lo *siente*. Y sé que quizá esto sea lo mejor que yo pueda darle.
Pero, a veces, es necesario repetir estas cosas tan obvias. Las palabras de cariño son importantes.
Sí, mi hijo sabe que lo quiero. Se lo dicen mis palabras, la expresión de mi rostro, el tono de mi voz y mi modo de actuar.

El tono de mi voz se lo dice.
Siempre trato de que sea agradable y suave. Aunque, a veces, me gustaría gritar barbaridades, me he dado cuenta de que es mejor hablar en voz baja, dulcemente. Cuando hablo así, todo parece marchar mejor en casa. Es mejor para mí y para el niño.

Acéptalo tal y como es

Mis padres me quieren tal y como soy.
Nunca me dicen: "Me gustaría que fueras como Juan."
No les importa que yo no sea tan alto como papá, o tan listo como el primo Ramón: me quieren *a todas horas.* Nunca me dicen que los tengo hartos, aunque estén cansados o de mal humor. Lo que sí me dicen es que les disgustan algunas cosas que yo hago.
Pero NUNCA dicen que no me quieren.

¿Por qué mi hijo habla así de mí?

Porque lo acepto como es.
Sé que tiene las orejas grandes y que es bajito para su edad, y yo deseaba que fuese muy alto. Pero nunca dejaré que él lo sepa.

Es mi tercer hijo varón, y esperábamos niña, ¡pero ya no puedo remediarlo!

Su padre hubiera querido tener una estrella del baloncesto en la familia, pero yo le digo siempre que *nuestro hijo es lo que es y no lo que hubiéramos querido que fuera.*

No le dejo hacer lo que le gusta, pero trato de ser justa.
A veces, me encantaría "darle unos azotes", cuando se porta mal. Pero reconozco que, si lo hiciera, sería un mal para él y para mí.

Acepto a mi hijo, con su mala conducta; pero haré todo lo posible para que mejore.

Sé que el niño es capaz de hacer muchas cosas sin dificultad; pero sé que otras le serán difíciles.

Lo sé. Y lo acepto.

Seguridad

Mi mamá me deja cogerla de la mano cuando la necesito.
Me dice: "No tengas miedo. Estoy contigo y no permitiré que te pase nada."
Quiere que yo sepa que está cerca de mí y que se preocupa por mí.
Cuando se va, me dice: "Volveré pronto. No te preocupes porque yo no esté en casa. Alguien se queda aquí contigo."
Mi mamá quiere que yo sepa que nuestra casa es un lugar seguro para mí y que ella siempre me ayudará cuando necesite algo.

¿Cómo le doy seguridad al niño?

No le amenazo, si sé que no cumpliré la amenaza.
Nunca le digo al niño que, si se porta mal, me voy a ir de casa para siempre, que lo voy a mandar con otros señores o que va a venir la bruja. Esto puede herirlo profundamente.

Empiezo pronto.
Trato de ofrecerle al niño tantas experiencias como pueda, aunque sea aún muy pequeño. Cuantas más cosas vea y haga, más seguro se sentirá después. Lo animo para que juegue con otros niños y lo llevo a muchos sitios, para que se relacione con personas distintas.

Lo preparo para lo nuevo.
"Mamá, ¿me va a doler?", me pregunta cuando lo llevo al médico o al dentista. Le contesto con la verdad: "Claro que sí, te dolerá un poquito, pero se te pasará en seguida."
"Pero yo no quiero ir", me dice. Y yo le respondo, firme pero amable y suavemente: "Pero DEBES." No le queda otra alternativa y esto le da la seguridad de saber que será para él lo mejor.

Nunca lo avergüenzo.
Hay cosas que asustan a mi hijo. Pero nunca lo avergüenzo porque tenga miedo. Lo cojo en brazos y le explico. Lo dejo llorar, sin intentar callarlo. Siempre trato de pensar que todo comportamiento tiene una CAUSA.

No quiero protegerlo en exceso.
Hacerlo crearía en él una gran dependencia de mí. Y entonces tendría miedo siempre que yo saliera o no estuviera con él. Si el niño se siente seguro, saldrá de casa tranquilamente para ir al colegio, podrá decir: "Adiós, mamá."
Siempre que voy a salir se lo digo y nunca me escapo a hurtadillas.

Control

"No", me dice mamá suavemente.
"No, lo siento, pero eso no se hace."
Ella me dice qué cosas no se pueden hacer.
Pero no se pasa todo el día diciéndome "NO".
Ella es buena conmigo.
Me dice que no haga ruido cuando el bebé duerme; que cuide mis juguetes y que preste atención cuando me hablan, porque eso es de niños educados.
Ella no me grita, pero si le hago daño a alguien, me castiga: "Nunca se le debe hacer daño a nadie", me dice.
Sé que me quiere, aunque a veces tenga que castigarme.

¿Cómo controlo al niño?

Trato de enseñarle a controlarse a sí mismo.
En el momento que considero que puede entenderme, le enseño la palabra "controlar". Controlar la mano, para no pegar a alguien o para no quitarle algo a otro niño. Controlar la boca, para no morder o escupir. Controlar los pies, para no dar patadas. Controlar la voz, para no gritar. Controlar las palabras, para hablar.

Le impongo límites, cuando aún es pequeño.
Siempre le enseño que hay cosas que no se hacen y no le dejo actuar a su antojo.

Soy firme, pero no brusca.
Sé que a mi hijo le gusta regirse por reglas justas, y mi comportamiento es siempre uniforme y coherente con lo que digo.

Le explico por qué.
Aunque el pequeño no me entienda, le explico el porqué de las cosas. Pronto comprenderá que tengo mis razones para negarle algunas cosas. "No puedes hacer eso porque..." (Aunque no le guste, llegará a comprenderlo.) Cuando sea mayor, me respetará por ello.

Trato de ser un buen ejemplo.
A veces, pierdo la paciencia.
Cuando esto me ocurre, le digo: "Lo siento. Es culpa mía. Hoy las cosas no me van bien y la estoy tomando contigo." Es asombroso cómo agradece estas palabras. Siempre le doy la explicación que necesita.

"Sé cómo te sientes."
Le explico que enfadarse o sentir rencor son sentimientos inevitables a veces, pero que nunca deben producir malos efectos sobre los demás. Lo que es MALO es el comportamiento. Y esto lo puede corregir el niño.
Creo que mi hijo será lo que yo espero que sea.

Orientación

Mis padres saben que necesito su ayuda para crecer.
Ellos me ayudan a compartir las cosas con los demás y a llevarme bien con todos.
"Juan también quiere jugar", me dicen, "sabemos que le dejarás jugar contigo".
Mis padres saben que necesito estar activo: moverme mucho, jugar, correr, saltar. Saben que aprendo jugando. A veces juegan conmigo y otras veces dejan que juegue solo.
Mis padres me ayudan a que aprenda a crecer.

Cómo orientar al niño

Comprendo que mi hijo no es un adulto.

Es un niño y sé que debe actuar como tal. Él piensa como niño y yo como adulto. Esto me ayuda a orientarlo coherentemente.

Le enseño.

Le explico qué es seguro y qué es peligroso; qué puede tocar, coger o tirar. Le enseño a hacer cosas que no sean difíciles para él. Se daría por vencido y sería infeliz si le enseñara a hacer cosas para las que no está capacitado. Cuando se propone hacer algo, le enseño a que siga intentándolo y a que no se dé por vencido.

Mi hijo necesita cierta libertad.

Para que sea él mismo, el niño necesita libertad. Tiene que aprender a buscar cosas con las que entretenerse (cuerdas, para hacer nudos; cajitas, para hacer torres, etc.). Mi hijo no necesita que esté constantemente advirtiéndole: "Deja eso." "Sal de ahí." "No toques." No hace falta hacerlo, a no ser que se tenga una razón especial para ello. Si lo regaño constantemente, el niño puede volverse retraído y no intentará hacer cosas por su cuenta.

Sí, mi niño necesita orientación. Buena orientación.

Lo animo para que juegue mucho.

Sé que el niño aprende mucho jugando. Le hablo, mientras juega, para que aprenda muchas palabras. Le doy botellas de plástico, cajas, etc., para que juegue; revistas viejas, para que recorte fotos, etc.

Mientras hago mi trabajo, el niño juega solo. Quiero que se invente cosas y que sea curioso porque puede aprender muchas cosas por su cuenta. También quiero que juegue con otros niños. Mi hijo tiene que aprender que no siempre va a hacer lo que él dice, que es bueno compartir con los demás y hacer amigos.

Independencia

Mis padres me dejan hacer cosas por mi cuenta.
Si me quiero abrochar la camisa me dejan intentarlo.
Cuando lo que quiero hacer es difícil, ellos me ayudan.
Creen que soy capaz de hacer muchas cosas solo.
Yo sé atarme los zapatos y cerrar la cremallera de los pantalones.
Sé dónde guardar mis cosas.

¿Qué hago para que mi niño crezca independiente?

Dejo que intente hacer cosas.
Esto no siempre es fácil porque luego tengo que limpiar y recoger lo que él ha tirado. Pero sé que no podrá aprender a valerse por su cuenta si no le doy la oportunidad. A veces, pierdo la paciencia esperando a que termine de hacer algo. ¡Yo podría hacerlo tan rápidamente!

Le doy tareas, para que me ayude.
Mi hijo me ayuda a doblar la ropa (las prendas pequeñas). Separa su ropa y sabe dónde guardarla. También sabe guardar sus juguetes. Me ayuda a sacar la basura, a quitar el polvo, etc., es capaz de hacer zumos. Pone los cubiertos en la mesa.

Le enseño qué es el trabajo.
El trabajo es divertido, cuando se es pequeño. Casi no es trabajo. Pero me parece que mi hijo debe empezar a tener conciencia de lo que es eso, el trabajo. Cuando el niño le da los clavos a su padre o a cualquiera que esté arreglando algo en casa, le digo: "Estás ayudando a trabajar." Cuando le doy un trapo para limpiar, le digo que eso es **trabajo**.
Le hablo del trabajo de otras personas. Del policía, el basurero, el médico, el maestro, el bombero, el lechero, y de todos cuantos nos ayudan. Quiero que comprenda el valor del trabajo de todas esas personas.

Lo estimulo.
Lo estimulo para que termine lo que ha empezado. Si tiene mucha dificultad y veo que se enfada, lo ayudo un poco pero DEBE TERMINARLO.
Lo estimulo a seguir instrucciones que tengan un propósito definido: "Por favor, cierra la puerta, hace frío en esta habitación." "Tráeme las patatas, para pelarlas." Lo felicito por su trabajo. Pero en vez de decirle: "¡Qué chico tan listo!", le digo: "Lo has hecho muy bien." Se sentirá orgulloso de sí mismo por lo que ha hecho.

Respeto por los demás

Mis padres saben que tengo que ser bueno.
Siempre me dicen: "Eres una gran ayuda."
¡Eso me gusta!
Ellos saben que debo apreciar a los demás.
Y quieren que me sienta a gusto con otras personas.
Yo no sé mucho sobre la gente.
Pero mis padres me enseñan.

¿Cómo le inculco el respeto a los demás?

Le hablo.
Le hablo de mi preocupación por el niño que no tiene abrigo en el invierno o el que necesita muletas para andar.
Le hablo de la viejecita que no puede subir sola la escalera o del niño huérfano sin nadie que lo cuide.
Le hablo de esto sólo de vez en cuando, cuando es necesario. Pero no hay que exagerar.

Quiero que mi hijo comprenda las necesidades de los demás; que se dé cuenta de que las personas son diferentes y de que actúan de manera distinta unas de otras. Cuando mi niño ayuda a alguien, lo felicito.

Le recuerdo.
Le recuerdo que Jaime se molesta, cuando le llaman "gordinflón", o Felipe, cuando le dicen "patitas de alambre", o Alfredo, si le llaman "enano".
Le recuerdo que no debe reírse de las personas ni tampoco de sus errores.

Le llamo la atención.
Le hago recapacitar, cuando no le gusta alguien: "... pero Juan quiere ser tu amigo", "a lo mejor, Pedro te ha pegado porque tiene algún problema", "Haz caso a Sara, que está sola."

Le leo, le explico y le pregunto.
La lectura le enseña muchas cosas. Le leo cuentos, le enseño las láminas y le hago preguntas, para animarlo a pensar. "¿Qué hubieras sentido si te hubiese ocurrido lo mismo?" "¿No te parece que Elisa hizo bien al compartir su merienda?" "¿Por qué la gallinita no quiso compartir su pan?"
La lectura ayuda a formar en el niño buenas cualidades. Quiero que mi hijo sea amable y considerado, confiado y honrado, responsable y justo.
Si empiezo a enseñarle a mi hijo estas costumbres pronto, lo recordará cuando sea mayor.

Confianza en sí mismo

Mis padres quieren que piense bien de mí mismo.
Quieren que yo crea **¡que soy importante!**
Me ayudan a creer en mí mismo
y a **sentirme capaz de hacer y de pensar cosas.**
Dicen que yo soy **verdaderamente especial.**
Yo creo que ellos también son especiales.

¿Cómo ayudar para que confíe en sí mismo?

Mi hijo necesita sentirse orgulloso de algo.
Podría ser de un dibujo o de un cuadro que no significa nada para mí. Pero si él ha puesto todo su empeño y dice: "Mira, mamá", yo miro y lo animo para que me diga cómo lo ha hecho y lo cuelgue en la pared de su cuarto.

O quizá ha recogido todos sus juguetes. Le digo: "¡Qué limpio ha quedado tu cuarto!" Enseguida se siente orgulloso de lo que ha hecho porque ve que me ha gustado.

Puedo ayudarlo a que crea en sí mismo.
Elogios. Cumplidos. Son importantes, cuando se los ha ganado pero, si no se los merece, no le miento. Una cosa fácil podrá realizarse fácilmente y no conviene exagerar.

No es bueno que se le mande una tarea que no pueda hacer. Nunca se sentirá satisfecho de sí mismo, si fracasa.

No lo comparo con los demás.
Mi hijo es un ser único. Sólo hay uno como él. Sé que es complejo y quiero que sea ÉL MISMO. Quiero que sólo se compare consigo mismo.

"Pero mamá, ¡no puedo correr tan deprisa como Juan!", me dice. Y le respondo: "Pero haces muy bien otras cosas."

Lo fundamental es que mi hijo haga lo mejor que pueda, sin compararse con nadie, que conozca sus límites, sin que esto le produzca sentimiento de frustración.

Para ello, tengo que valorarlo en su justa medida. Así lograré que tenga confianza en sí mismo, que crea en sí mismo, por lo que vale.

¡Mis padres me quieren mucho!
¿Y sabes una cosa?
¡Yo les quiero a ellos también!

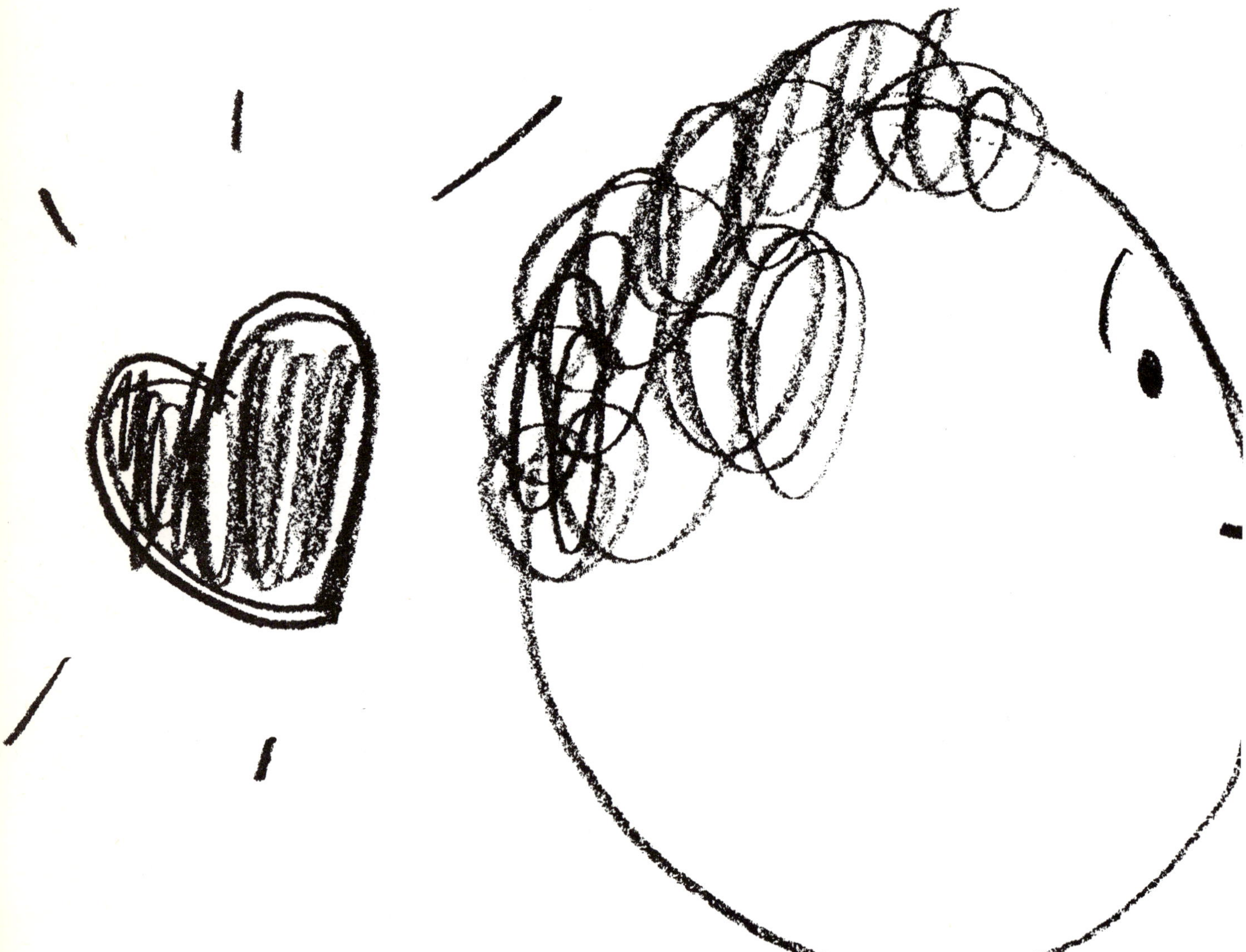

CAPÍTULO 3

LOS PADRES SON MAESTROS

Objetivo:
Desarrollo de las destrezas, las actitudes y la comprensión necesarias que posibiliten en tu hijo un mejor aprendizaje escolar.

Contenido:
1. *Significado y comprensión de las palabras:* por lo general, el niño que dice bien muchas palabras tiene una mejor oportunidad de aprender a leer.
2. *Diferenciación visual:* reconocer parecidos y diferencias, mirar, observar.
3. *Organización en categorías:* buscar qué cosas pertenecen o no a un determinado grupo. ¡Esto es pensar!
4. *Discriminación auditiva y táctil:* oír los sonidos, escuchar mientras se le habla y se le lee, seguir instrucciones, palpar las cosas.

Observaciones
— Realiza las indicaciones de este capítulo varias veces. Los niños aprenden mucho con la repetición.
— No te limites a las actividades propuestas: cualquier objeto, situación o momento puede ser fuente de aprendizaje para tu hijo.
— Enseña a tu hijo a observar, estimúlalo para que haga preguntas, desarrolla su curiosidad.
— Haz breves las sesiones de aprendizaje (no más de diez minutos). La práctica distribuida y espaciada es más eficaz que la práctica intensiva o ininterrumpida. La sobreestimulación puede acarrear ciertos perjuicios que debes evitar.

DIVERSIÓN CON SANDWICHES

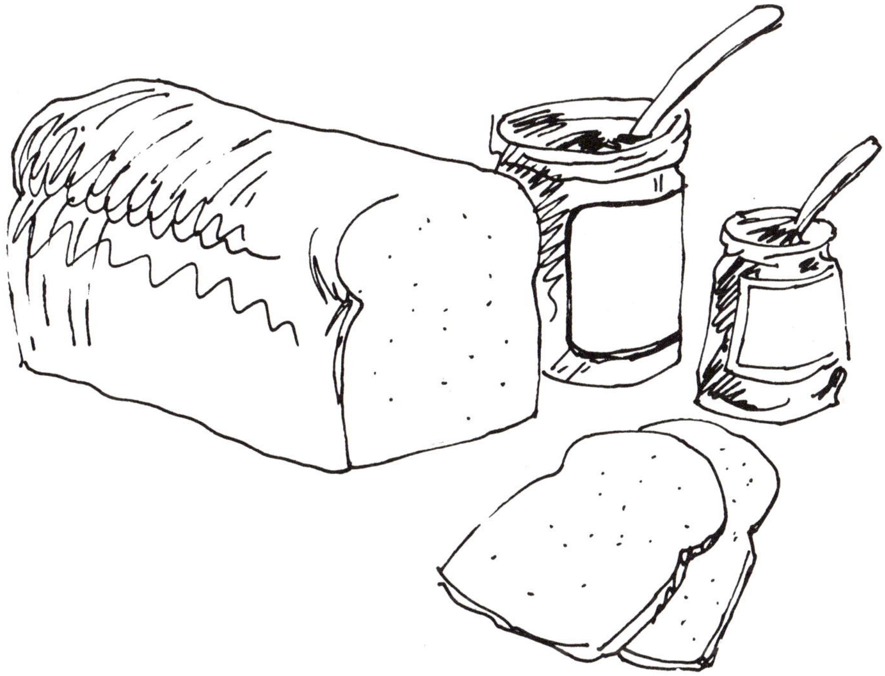

Lo que necesitas: Varias rebanadas de pan de molde y algo para rellenar sandwiches, como crema de cacao, mermelada...

Para qué: Para enseñar al niño a comprender el significado de varias palabras; para iniciarlo en la apreciación de los diferentes números y en la comparación de formas.

Qué hacer: Mientras preparas algo de comer, habla y enseña a tu hijo.

Supón que estás preparando un sandwich. Inicia una conversación. Por ejemplo:

"¿Cuántas rebanadas de pan necesitamos?"

"¿Qué más necesitamos?" (Estimula al niño a contestar: mermelada, mantequilla, un cuchillo para untar, etc.).

"¿Cuánto queda en el tarro?" (Estimula al niño a observar si está casi vacío, casi lleno, si está por la mitad.) Si se está terminando, dile: "Sí, nos lo hemos comido casi todo. Pronto tendremos que comprar más."

Al untar la crema de cacao, dile al niño lo que haces.

"Unto la crema de cacao en esta *esquina,* luego en la *otra esquina,* y luego en las otras dos esquinas.

"¿Cuántas esquinas tiene?"

"Vamos a contar juntos: una, dos, tres y cuatro. Sí, esto es un *cuadrado,* repítelo conmigo. Sí, un cuadrado." (Le estás enseñando formas y números.)

"Ahora colocamos la otra rebanada sobre ésta. ¿Lo quieres partido en *dos*

trozos o lo quieres *entero*? (Estás enseñando a tu hijo números.) Si te contesta que en *dos* trozos, esto le servirá para más adelante, en el colegio y al mismo tiempo le das la oportunidad de escoger, desarrollando su capacidad de decisión.

"Ahora cojo el cuchillo y corto el sandwich de una esquina a la otra. Mira, he hecho dos *triángulos,* tienen *tres lados.* Cuéntalos conmigo."

"Ahora, ¿estás preparado para comer? Recuerda: *con cuidado,* no dejer caer las migas, eso es. Vaya, ¡está rico! Sí, está muy bueno."

Este es un ejemplo de cómo hablar con tu hijo mientras trabajas. No tienes por qué emplear tiempo adicional. Además, tu hijo se sentirá contento de que hables con él y de que le hagas caso. Aprenderá muchas palabras.

Un simple sandwich te puede ayudar a enseñarle alrededor de 25 significados de palabras. Pero tu hijo no lo aprenderá de una vez. Debes repetirlo siempre que lo consideres oportuno.

PATATAS PARA ENSEÑAR

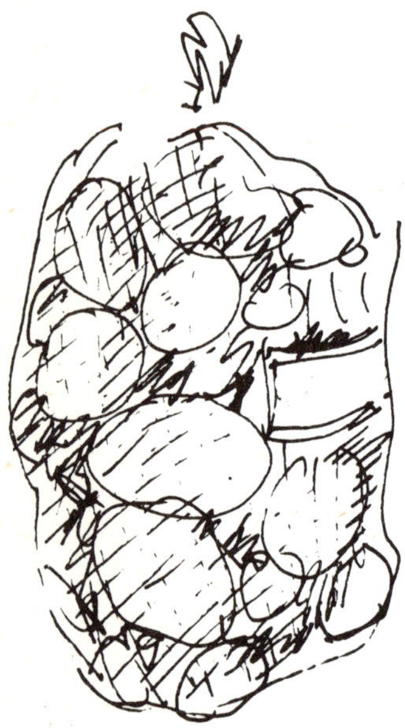

Lo que necesitas: Una o varias patatas.

Para qué: Para enseñarle al niño los significados de nuevas palabras; para iniciarlo en la comprensión de conceptos más amplios; para ir desarrollando su capacidad de relacionar esos conceptos.

Qué hacer: Si vas a abrir una bolsa de patatas como la que ves aquí, hay muchas cosas que puedes hacer y que servirán para que tu hijo aprenda.

1. Háblale de como *abrir* o *desatar* la *bolsa* o el *paquete*, según de lo que dispongas.
2. Pregúntale: "¿Hay muchas patatas en la bolsa?" (Explícale lo que estas palabras quieren decir; necesitará saberlo en el colegio.) Elógialo siempre, cuando te conteste bien.
3. "Vamos a ver, creo que necesitaré seis patatas; hazme el favor de sacarlas." (Cuéntalas tú primero y deja que él las cuente después.)
4. "Ahora voy a preparar algunas para comer. ¿Qué debo hacer? (Ayúdale a contestar.) Usa las palabras *pelar, freír, cocer, cuchillo, blando, sal, agua* y cualquier otra palabra que surja mientras cocinas.

Cuando tengas tiempo, después, coge una patata y háblale sobre el exterior y el interior. Enséñale que son diferentes. (Explícale las palabras *igual* y *diferente.*) Muéstrale los brotes y explícale que cuando el agricultor quiere sembrar las patatas, las corta de manera que cada trozo resultante tenga, por lo menos, un brote para que éste *crezca bajo la tierra* y se convierta en una planta de la cual las patatitas nacen y crecen bajo tierra y se hacen cada vez mayores. Después, el agricultor las desentierra y las lleva a la tienda (el mercado) y allí nosotros las podemos comprar.

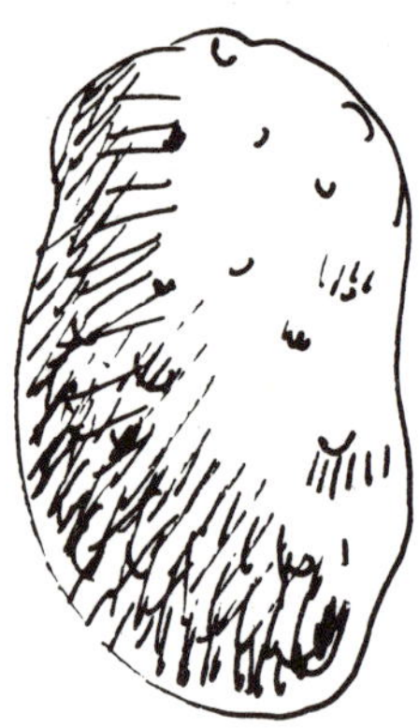

(Es posible que tu hijo no comprenda todo lo que estás contando, pero te sorprenderá lo mucho que puede recordar si le repites la historia.)

5. Coge tres patatas, una pequeña, una mediana y una grande.

Pídele que te señale *la mayor, la que le sigue en tamaño y la más pequeña.* Enséñale y luego vuelve a preguntarle.

Recuerda: dile algo agradable cuando responda.

Cuando tengas tiempo, enséñale a hacer una cara sobre una patata marcando los ojos, la nariz y la boca. Permite que él te indique qué hacer, mientras tú realizas el trabajo. Usa lana o tiras de tela para hacer el pelo. Esto será divertido. Más tarde, podrías freír al "Señor Patata".

Practica esta lección varias veces durante el año. El niño aprenderá unos 30 significados de palabras. ¡Qué importante es esto!

UNA MANZANA AL DÍA...

Lo que necesitas: Una manzana.
Para qué: Para enseñarle al niño palabras nuevas con las que desarrollar conocimiento nuevos.

Qué hacer: Háblale al niño sobre la manzana. *¿Qué forma tiene?* (Dile que es *redonda.*) ¿De qué *color* es la manzana? (Repite lo que dice el niño, pero con frases completas, "Sí, la manzana es roja.) ¿Es la manzana una *fruta* o una *hortaliza?* (Explícale qué es una fruta. Enumera otras frutas y algunas verduras.)

"¿Es ésta una manzana *entera* o es una *parte* de una manzana?" (Le estás enseñando al niño conceptos numéricos que necesitará saber en el colegio.)

Explícale de dónde vienen las manzanas. Dile que nacen en un árbol grande, el manzano, que cuando están maduras se caen, que el agricultor las puede coger del árbol, que las coloca en cestos... Explícale la diferencia entre manzanas crudas y manzanas asadas, por ejemplo.

Coge un cuchillo. Parte la manzana en *dos mitades.* Dile que *dos mitades* forman un *entero.* Luego parte las mitades en *cuartos. Haz que el niño cuente los trozos.*

Enséñale las semillas. Dile que las semillas son *oscuras.* Cuenta las semillas que tiene. Explícale al niño que las semillas *se siembran en la tierra* y de ahí *nace un árbol.* El árbol crecerá y crecerá, y dará manzanas.

Pela uno de los cuartos de la manzana. Explícale lo que estás haciendo. Habla sobre el interior y el exterior y la diferencia de color entre ambos.

Deja que el niño se coma la manzana. Dile que es *dulce, jugosa,* que está buena...

Haz que el niño se imagine que es un vendedor de manzanas:

¡"Manzanas, manzanas!
Venid a comprar manzanas
Rojas, jugosas manzanas
¡Manzanas para vender!"

Repite esto varias veces. Haz que el niño se imagine que coloca algunas manzanas en una bolsa, para ti. Dile que deseas comprar una *docena,* o *media docena.*

Ayúdalo a contar mientras él las coloca en la bolsa.

Finge que le pagas. (A todos los niños de esta edad les gustan las "representaciones" y aprenden con ellas.)

Dale al niño un lápiz y ayúdale a dibujar algunas manzanas.

No te olvides de elogiarlo cuando lo está haciendo.

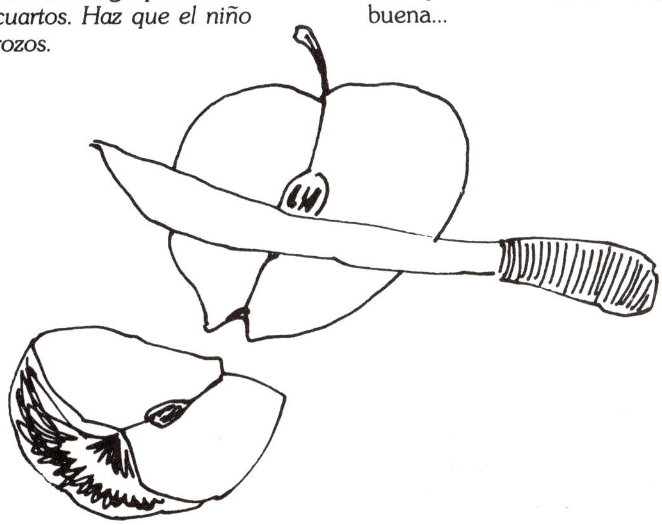

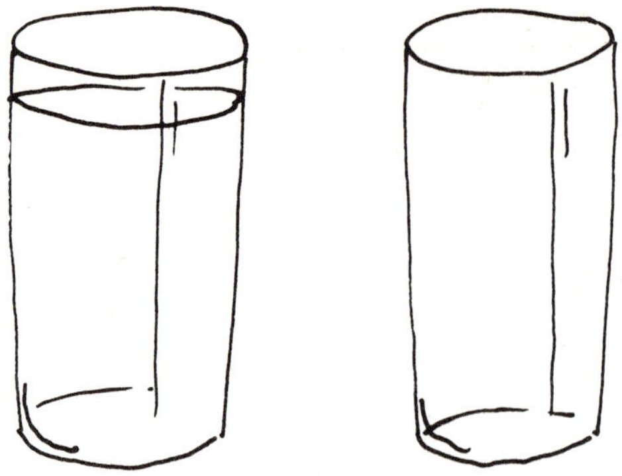

VASO LLENO, VASO VACÍO

Lo que necesitas: Algunos vasos.
Para qué. Para enseñar a tu hijo a observar semejanzas y diferencias entre las cosas. Para conocer nuevas palabras y conceptos.
Qué hacer: Llena un vaso de agua. Ten otro vacío. Dile lo que esto significa.
Di al niño que vacíe un vaso. (Enséñale esas palabras que desconoce.)
Ten dos vasos llenos de agua hasta la mitad. Enséñale a llenar el vaso vacío con el contenido de los dos vasos medio llenos. Que aprenda a verter el agua sin *derramarla.*
Cuenta los vasos con el niño.
Otras actividades:
Pregunta: ¿Para qué usamos los vasos?
¿Qué cosas podemos beber en vasos?
(Ayuda al niño a pensar en leche, agua, zumos, refrescos, etcétera.)
¿De qué color es la leche?, ¿el jugo de naranja?, ¿la leche con cacao?
¿Por qué debemos tener cuidado con los vasos?
(Explícale que se pueden romper si se caen al suelo.)

Coloca tres vasos de diferentes tamaños sobre la mesa. Dile:

"Escoge el vaso que usaría mamá."
"Escoge el vaso que usaría el bebé."
"Escoge el vaso que usarías tú."
(Ayuda al niño a entender que los adultos necesitan vasos mayores.)
Cómo enseñar semejanzas y diferencias entre las cosas:
Coloca sobre la mesa 2 vasos pequeños y 2 grandes (desordenados). Deja que el niño escoja: los dos grandes; los dos pequeños.

Coloca sobre la mesa 3 vasos iguales y uno diferente (de tamaño o de color). Pide al niño que escoja el que es diferente. ¡Felicítale cuando conteste correctamente!

Los niños aprenden cantando y además disfrutan.
Canta esta canción con el niño y enséñale a dramatizarla y a cantarla contigo:
Toma! ¡Toma!
Toma leche
(finge que la tomas).
Rica, rica
Rica leche
(relámete).
Lleno, lleno
Estoy tan lleno
Estoy tan lleno
(pásate la mano por el estómago).
Fuerte, fuerte
Seré fuerte
(muestra el músculo del brazo).
Grande, grande
(estírate).

COCINANDO Y APRENDIENDO

Lo que necesitas: Cosas que usas normalmente mientras cocinas.

Para qué: Para enseñar a tu hijo nuevos conceptos numéricos, y nuevas palabras (verbos, nombres, adjetivos).

Qué hacer: Este es el ejemplo de una lección que podrías poner en práctica mientras cocinas *cualquier cosa.*

Podrías dejar que el niño se sentara en una silla y te observara mientras haces el trabajo de la cocina.

A ti te resutará entretenido ver cómo se interesa por todo lo que haces, y a él le resultará muy útil para aprender nuevos conceptos.

Podrías hacer lo siguiente:

1. "Creo que voy a preparar una tarta. ¿Qué clase de tarta podríamos preparar?" Si tu hijo no conoce el chocolate, la fresa, la nata, etc., comienza a hablarle sobre las diferentes clases de tartas.

"Vamos a ver lo que necesitamos." Tú vas buscando las cosas que necesitas, identificándolas por su nombre y haciendo que el niño las repita después.

(El niño puede aprender los siguientes nombres: harina, azúcar, cacao, taza, rodillo, molde, leche, vainilla, mantequilla, etc.)

2. Adquirirá algunos *conocimientos aritméticos* si tú le hablas sobre: *medir* la cantidad de harina que necesitamos, *una taza* de azúcar, *dos cucharadas* de mantequilla, *tres* huevos.

Poner el horno durante treinta minutos. (Muéstrale la diferencia de tamaño entre una cucharada y una cucharadita.)

3. El niño aprenderá el significado de varios verbos si le hablas de: *romper* los huevos, *colocarlos* en un plato, *mezclar* la masa, colocar el pastel en el horno, *vigilarlo, sacarlo* del horno.

4. A los niños les gusta el ritmo, les gustan las canciones inventadas, les gustan las representaciones.

Mientras amasas puedes decir:

"Vamos a amasar, amasar, amasar, la masa, masa, masa." (Motívale para que lo repita; verás *cómo sonríe.*)

"Vamos a cortar, cortar, cortar, con el cuchillo, cuchillo, cuchillo."

"Vamos a batir, batir, batir, vamos a batir los huevos."

¡POP, POP, POP!

Lo que necesitas: Una sartén, un poco de margarina y maíz para preparar palomitas.

Para qué: Para que el niño aprenda palabras y conceptos nuevos mientras se divierte.

Qué hacer: Compra un paquete de maíz para hacer palomitas. Cuando tengas tiempo, prepáralas para tu hijo.

Recuerda: ve explicándole todo mientras lo preparas. Deja al niño ayudar en todo lo que sea posible. Por ejemplo, el niño puede abrir el *paquete* y sentarse en una silla a tu lado, mientras echas un poco de el maíz en la *sartén* con *margarina.* Cubre la sartén con una tapa. Explícale lo que sucederá cuando el maíz se caliente.

Haz que se fije e identifique los sonidos que se oyen a medida que el maíz revienta. "¿Cómo hace? Sí, pop, pop, pop, pop (o, crac, crac)."

Explícale lo que haces cuando mueves la sartén para *evitar que se quemen los granos.* Coloca las palomitas hechas en cualquier recipiente adecuado y deja que el niño coma. Habla del tamaño y color del recipiente.

¡Resultará divertido! Y además puede llegar a aprender unos 20 significados de palabras.

Puedes inventar cualquier canción sobre las palomitas. Haz que el niño toque palmas cuando cante, siguiendo el ritmo de la música.

OLLAS Y CACEROLAS

Lo que necesitas: Ollas y cacerolas de cocina.

Para qué: Para desarrollar en el niño nuevos conocimientos, a través del entendimiento de nuevos significados.

Qué hacer: Puedes hacer varias cosas. No te olvides de hablar "el lenguaje de los adultos", es preferible no bajar el nivel cuando le hablas al niño. Es así como aprende las palabras, oyéndolas una y otra vez, haciendo cosas que den significado a esas palabras.

1. Busca dos o tres ollas o cacerolas. Haz que el niño diga cuál es la mayor, en cuál cabe más cantidad, cuál es la *más pequeña.*

2. Saca dos cacerolas redondas y un molde cuadrado. Enséñale la *diferencia.* Escoge una y pídele al niño que busque *otra igual.* (El niño tendrá que entender estas palabras cuando esté en el colegio.)

3. Muéstrale el molde cuadrado. Muéstrale los cuatro lados y el fondo. Ayúdale a contar los lados. Di: "El molde cuadrado tiene cuatro lados. Cuenta conmigo."

4. Busca dos cazuelas con sus tapas. Una debe ser mayor que la otra. Mezcla las tapas y observa si el niño puede encontrar la tapa adecuada para cada cazuela. (Esto enseña al niño a pensar. Su cerebro se desarrolla.)

5. Pregúntale: "¿Para qué se usan las ollas y las cacerolas?" (Estimúlalo a contestar y luego felicítalo.) Explícale lo que es cocinar *verduras, tortas, macarrones, judías, o cualquier otra forma* de usar los *utensilios* de cocina.

Repite esto con el niño:

"Potaje caliente, potaje frío.
Potaje de garbanzos tiene la cazuela mía.
A unos les gusta caliente
a otros les gusta frío
el potaje de garbanzos
que tiene la cazuela mía."

FELICITA AL NIÑO.

En esta lección, el niño puede aprender el significado de unas 25 palabras. Ponla en práctica.

SOY UNA PEQUEÑA TETERA

Lo que necesitas: Una tetera que tengas en la cocina.

Para qué: Para enseñar al niño significados de palabras y desarrollar en él nuevos conocimientos.

Qué hacer: Muéstrale la tetera al niño.

Pregúntale:

"¿Para qué *se usa* esto?" (Sí, para *hervir* agua.)

"¿El agua está fría o caliente?"

"¿Cómo la calentamos?"

(Explícale lo que es la *leña*, el *carbón*, el *gas* o la *electricidad*.)

"¿Quema si la tocamos?"

(Debemos tener cuidado)

Pregúntale sobre el color de la tetera. (Si está hecha de metal, díselo.)

Dile que el pitorro se usa para verter líquidos.

Háblale sobre el mango y dile por qué se usa.

Dile que esto es útil; que se usa en la cocina.

Él la puede colocar en el fuego.

Sólo la deben usar los niños mayores o los adultos.

Posiblemente los niños mayores sepan una canción sobre la tetera.

Si la saben, ponlos a cantar y a actuar con el niño pequeño.

Dile al niño que mire las teteras que aparecen en esta página.

Muéstrale el mango.

Muéstrale el pitorro.

Muéstrale la parte superior.

Pregúntale cuáles son iguales, y en qué se diferencia la otra.

CARRETES Y LIMPIAPIPAS

Lo que necesitas: Carretes de hilo vacíos y limpiapipas. (Son baratos y el niño disfrutará haciendo muchas cosas con ellos.)

Para qué: Para enseñarle nuevos conocimientos que le ayudarán cuando vaya al colegio.

Qué hacer: ¡Hay tantas cosas que el niño puede hacer con carretes vacíos! *Guárdalos.* Colócalos en una caja. Te sorprenderá todo lo que el niño puede hacer con ellos.

1. Haz que el niño cuente los carretes. "Señálame cuatro carretes." "Señálame dos carretes."(Felicítalo siempre que conteste bien.) Si hay unos carretes mayores que otros, haz que el niño te muestre los grandes, los pequeños o que encuentre el que es diferente en un grupo de tres.

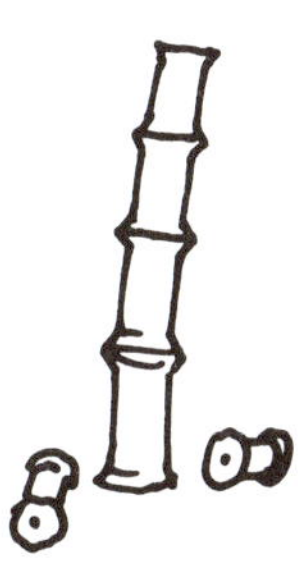

2. Enseña al niño a hacer una torre con los carretes. Una grande, una pequeña. Observa cuántos puede poner sin que se caigan.

3. Si puedes reunir diez o más carretes, haz que el niño coja un cordón y los una. Podrás atárselos alrededor del cuello en forma de collar.

4. Haz una máquina para cortar el césped: Coge un carrete. Mete un extremo del limpiapipas por el agujero. Pásalo hasta que salga por el otro agujero del carrete. Tuerce juntos los dos extremos y ya tienes una máquina de segar.

Con los limpiapipas también se pueden hacer animales.

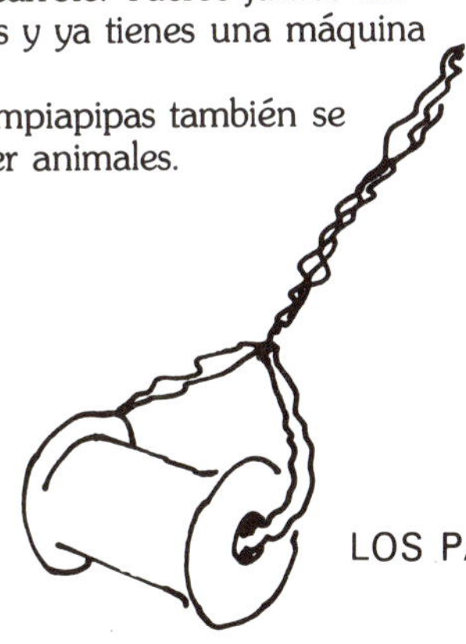

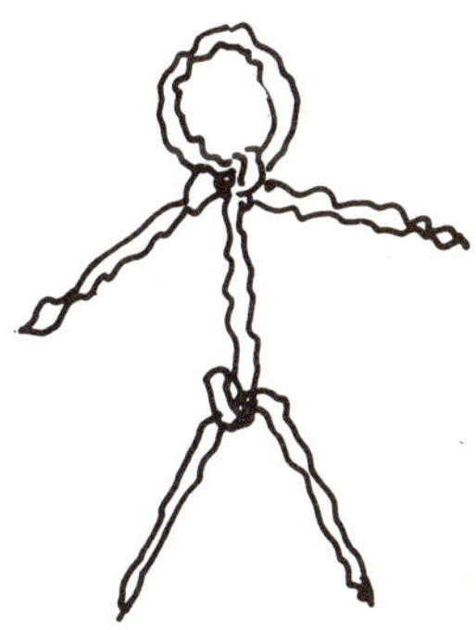

5. Úsalos para jugar a las muñecas. Los carretes pueden servir de sillas. Pon cuatro juntos y un trozo de cartón sobre ellos para formar una mesa. Deja que el niño pique alimentos para colocarlos en la mesa. (Usa tijeras romas.)

6. Enseña al niño a hacer una persona con los limpiapipas, redondos para la cabeza (retorcidos). Haz los dos brazos enrollando otro limpiapipas. Ayuda a tu hijo a hacer toda una familia. Háblale sobre quién será el más alto, etc. Estimula la conversación mientras el niño juega.

TELÉFONO DE JUGUETE

Lo que necesitas: Una botella de plástico vacía.

Para qué: Para estimular al niño a hablar y a aprender nuevos significados y conocimientos.

Qué hacer: Haz una abertura en la botella. Haz que el niño se coloque el cuello de la botella junto al oído.

Estimula al niño a hablar por el orificio que has hecho en la botella. Su

voz regresará al oído y él podrá oír, en un tono alto, sus propias palabras. Esto le resultará divertido.

Puesto que a todos los niños les gusta "simular", coge las botellas de plástico y simula que son teléfonos.

Háblale de lo que es *marcar* y contestar al teléfono. *"¿Quién habla?" "¿Con quién desea hablar?"* Desarrolla una conversación. "Habla suavemente." "Habla más alto, la abuela *no puede oír bien."*

Recuerda que debes usar lenguaje "de adultos". El niño aprenderá muchos significados de palabras mientras hablas. Di las cosas de distintas formas, pero siempre usando las palabras apropiadas. Te sorprenderás de lo rápido que el niño aprende si las repites una y otra vez.

SE ESTÁ PREPARANDO PARA IR AL COLEGIO. ESTO LO AYUDARÁ A LLEVAR UNA VENTAJA INICIAL.

Pide al niño que telefonee a alguien que tú le digas y que le dé un *mensaje importante.* Dile lo que debe decir. Observa si puede recordar el mensaje. (Esto ayuda a desarrollar la memoria.)

Anima al niño para que llame a un amigo (simulando).

Lee este poema:

Tin, tin,
din, din.
Oigo el teléfono
hacer rin.
"Hola, hola,
¿cómo estás?"
"Bien, bien
Gracias, gracias."
"¡Sí, sí!
Iré a jugar."
"¿Puedo ir, mamá?
¿Puedo ir hoy?"
"¡Sí, sí!
Dijo que sí."
"Estaré ahí."
Ya voy
... adiós."

Lee el poema varias veces.

Comprueba si el niño te puede decir lo que sucede.

LA HORA

Lo que necesitas: Un despertador o un reloj de pulsera.

Para qué: Para enseñarle conocimientos sobre horas y números.

Qué hacer: Dile al niño que el *reloj* se usa para saber la *hora de levantarnos,* la *hora de ir a dormir,* la hora de comer... Muéstrale las manecillas del reloj, la *manecilla larga* y la *manecilla corta.*

Háblale sobre sus propias manos y dile en qué se diferencian de las manecillas del reloj. Pregúntale: "¿Qué haces con tus manos?" (Estimúlale a hablar, a pensar.) Pregúntale cuál es *mayor,* el reloj despertador o el reloj de pulsera? ¿Cuál es *más pequeño?*

Enséñale los números del reloj. Dile que cuando vaya al colegio los aprenderá. Cuenta hasta doce con él, y haz que repita después. Muéstrale el 12 en la parte de arriba y el 6 en la de abajo.

ELÓGIALO CUANDO CONTESTE CORRECTAMENTE.

Lee el siguiente poema:

"¡Tic, tac, toc
El ratón subió al reloj
El reloj dio la una
El ratón bajó
¡Tic, tac, toc!"

Hazle sentir que te gusta mucho y él se entusiasmará también.

Pregúntale al niño cómo hace el reloj. "Tic, tac, tic, tac."

Ve si el niño puede decir por qué bajó el ratón.

Repite esta lección varias veces hasta que comprenda las palabras y significados que le enseñas.

En esta lección aprenderá cerca de veinte significados.

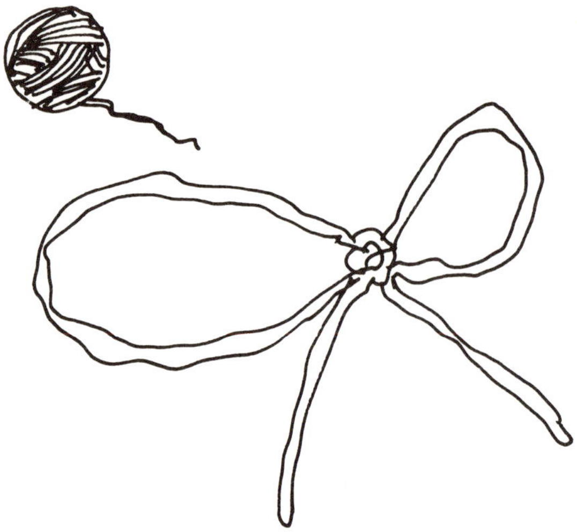

JUGAR CON CUERDAS ES DIVERTIDO

Lo que necesitas: Un cordón de un metro de largo, más o menos.

Para qué: Para desarrollar en el niño algunas destrezas de pensamiento. Para enseñarle a escuchar y seguir instrucciones.

Qué hacer: Dile al niño que esto es un *cordón*. ¿Qué podemos hacer con un cordón? (Anima al niño a pensar: atar paquetes, atar un globo, las trenzas.)

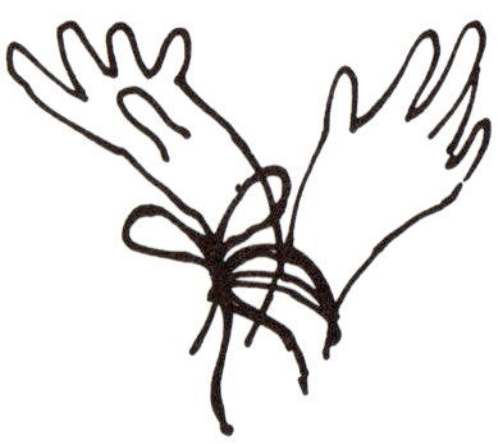

Dile: "Puedo hacer *algo más*. Puedo atarte las dos manos" (Átale las manos, el niño sonreirá.) "¿No puedes moverlas? ¿Por qué no? ¿Debo soltarlas? Te haré un *nudo* para que no puedas soltarte. ¿No es divertido?"

(Usa muchas palabras, el niño aprenderá oyendo la conversación.)

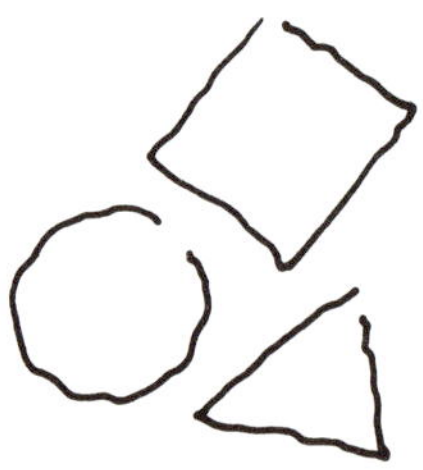

Haz figuras con el cordón. Haz un *círculo*. Pregúntale qué figura es ésta. Si no sabe la palabra "círculo", dile que el círculo es *redondo*.

Ahora, haz que él coja el cordón y trate de hacer un círculo. (Ayúdalo si es necesario.) ¡Felicítalo!

Haz un *cuadrado* con el cordón. Pregúntale qué figura es ésa. Si él no lo sabe, dile que un cuadrado es como una caja. Tiene *cuatro lados*, uno, dos, tres, cuatro. Deja que el niño los cuente contigo.

Ahora coje el cordón y dile al niño que trate de hacer un cuadrado. Esto es difícil, pero, si tú cortas el *cordón* en cuatro trozos, el niño podrá hacerlo.

Haz un *triángulo* con el cordón o con tres trozos de cordón. Pregúntale qué figura es ésa. Cuenta los lados. Deja que el niño haga un triángulo y cuente los lados contigo.

Juega. Haz un círculo con el cordón. Di al niño que le vas a dar algunas instrucciones. (Tu hijo necesitará saber esto cuando vaya al colegio.)

"Párate junto al círculo."
"Métete dentro del círculo."
"Sal del círculo."
"Camina alrededor del círculo."

Estas son palabras que el niño necesitará saber en el colegio.

No lo olvides, ¡FELICÍTALO!

¿QUÉ HAY EN LA BOLSA?

Lo que necesitas: Una bolsa de papel y varias cosas que puedes conseguir en tu casa; una taza, un calcetín, un lápiz, una bobina de hilo, etc.

Para qué: Para desarrollar el sentido del tacto del niño con el fin de que pueda identificar lo que toca.

Qué hacer: Juega a ¿Qué tengo aquí? Haz que el niño cierre los ojos mientras pones un objeto en la bolsa de papel. Luego, déjalo tocar la bolsa (sin mirar) y mira si puede identificar al tacto qué objeto es ese.

RECUERDA: FELICÍTALO CUANDO ADIVINE.

Haz el juego entretenido. Ayuda al niño a pensar que el aprendizaje puede ser divertido.

"Tengo un secreto en la bolsa."

Después de hacer ese juego usando varios objetos, cámbialo y di: *"Tengo un secreto en la bolsa."* Mientras el niño cierra los ojos, coloca algo dentro. Describe lo que hay en la bolsa, y deja que el niño trate de adivinar lo que es

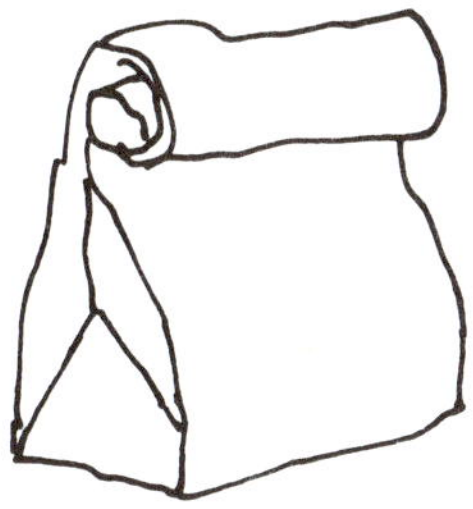

basándose en la descripción. (Esto enseña al niño los significados de muchas palabras, así como a escuchar y a pensar.)

Por ejemplo:

Tengo un secreto en la bolsa.
Es algo que usamos en la mesa.
Lo usamos para comer sopa o helado.
Lo lavamos después de cada comida.
¿Cuál es mi secreto?

o:

Tengo un secreto en la bolsa.
Es algo para adornar.
Las niñas lo usan en el pelo.
Los niños no lo usan.
¿Cuál es mi secreto?
(ELÓGIALO CUANDO CONTESTA BIEN)

Hay muchas posibilidades aquí. Le estás enseñando a tu hijo muchos significados de palabras. ¡Y él se está divirtiendo!

Haz las lecciones breves. El niño no puede prestar atención durante demasiado tiempo.

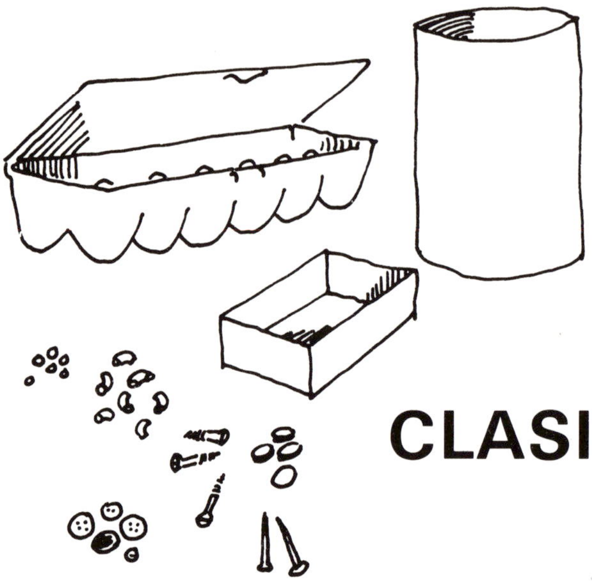

CLASIFICACIÓN

Lo que necesitas: Una caja vacía de huevos; un envase (una lata de café o una caja para poner dentro diversos objetos), y un surtido de artículos, tales como botones, tornillos, habas, guisantes, maíz, monedas, pedacitos de macarrón o cualquier otro objeto pequeño que puedas encontrar en casa.

Para qué: Para enseñar al niño a seleccionar objetos parecidos o iguales y a clasificarlos en grupos.

Esta es una habilidad que le ayudará a aprender a leer más fácilmente.

Qué hacer: Dale a tu hijo el cartón de huevos vacío. Déjale que se siente en el suelo. Explícale que debe seleccionar el maíz y colocarlo en un departamento del cartón, después los botones en otro, las monedas en otro..., que ponga cada clase de objetos en un lugar distinto.

Anima al niño a que busque todo lo que sea similar y a que lo coloque en el mismo lugar.

Si piensas que las cosas pequeñas que utilizas lo son demasiado para que el niño las pueda clasificar, consigue cosas mayores, como bobinas de hilo, lápices de colores, y haz que el niño las coloque en grupos. Llama a este juego "*A divertirnos clasificando.*"

Si el niño no puede encontrar las cosas que son similares, enséñale y deja que vuelva a intentarlo.

¿POR QUÉ ES IMPORTANTE HACERLO?

Tu hijo necesita entrenamiento para ver las cosas, seleccionarlas y clasificarlas.

Tiene que desarrollar esta habilidad antes de poder ver las letras de una palabra. (Esto le facilitará la lectura.)

HAZ SIEMPRE QUE LA LECCIÓN RESULTE DIVERTIDA PARA TU HIJO. Y NUNCA LO DEJES SOLO CON LOS MATERIALES.

Haz las lecciones breves. No dejes que se canse o se aburra.

Habla, habla siempre mientras juguéis. El niño aprenderá el significado de las palabras. Él necesitará saber *muchos significados.*

Debes animar a un hijo o hija mayor para que haga la lección con el niño. Hazle saber al niño mayor que aprecias su ayuda... esto le ayudará también.

LOS ABUELOS TAMBIÉN PUEDEN SER UNA AYUDA VALIOSA. ¡TIENEN MUCHA PACIENCIA!

COSAS QUE HAY POR CASA

Lo que necesitas: Artículos de uso cotidiano tales como: tazas y platos, tenedores, cucharas, cepillos y peines, cartones o botellas de leche, lápices y papeles, y cualquier otra cosa que consideres útil.

Para qué: Para enseñar al niño a pensar: a pensar sobre las cosas que pertenecen a un grupo o que forman parejas. (Esto ayuda a desarrollar su inteligencia.)

Qué hacer: Tras haber buscado varios objetos que formen *parejas,* colócalos frente a tu hijo en una mesa o en el suelo.

Haz que el niño los llame por su nombre, por ejemplo, zapato, calcetín, moneda.

Pregunta: *"¿Qué dos objetos forman una pareja?"*

Sí, el zapato y el calcetín forman pareja porque los usamos en el pie. (Si el niño no puede responder, explícale y déjale volver a intentarlo.)

Luego coge tres objetos más, como un zapato, una taza, un plato. Observa si el niño puede llamarlos por su nombre y puede decirte que la taza y el plato forman una pareja.

Cambia los objetos por el cepillo, el peine y el papel y sigue repitiendo hasta que el niño entienda las *relaciones* entre objetos.

(Cuando comience en el colegio, en el primer libro de preparación le pedirán que haga esto. Usarán dibujos. Estará preparado para esta actividad, si lo has ayudado en casa usando objetos.)

Sugerencias de cosas que se asocian: taza-plato, guante-manopla, zapato-calcetín, lápiz-papel, cuchillo-tenedor, libro grande-libro pequeño. (Puedes pensar en otros.)

Después de que tu hijo haya aprendido a asociar las cosas, podrá jugar de otra manera con esos objetos. Por ejemplo:

1. Estoy pensando en algo que uso para *escribir. ¿Qué es?* (Felicítalo si te contesta bien.)

2. *¿Qué falta?* Ponle cuatro objetos sobre la mesa. Haz que cierre los ojos mientras retiras un objeto. Él abre los ojos y adivina cuál es el objeto que falta.

3. Juega a *"Esconder el objeto"*. Haz que tu hijo cierre los ojos mientras escondes algo en el cuarto, que los abra y encuentre el objeto mientras le describes el lugar. Por ejemplo: "Está debajo de algo muy alto..., está en una esquina muy lejos de ti." (¡Mientras hablas, tu hijo aprenderá el significado de muchas palabras! No lo olvides, necesita muchísimas... ¡CIENTOS!)

DIVERSIÓN CON BOTONES

Lo que necesitas: Botones que puedas conseguir de la ropa vieja que ya no vas a usar. (Guárdalos en un tarro. Son muy útiles para enseñarles muchas cosas a los niños.)

Para qué: Para enseñar al niño los conceptos de igualdad y diferencia; para que aprenda a clasificar objetos según tamaño y colores. En definitiva, para desarrollar su retentiva visual.

Qué hacer:

1. Coloca tres botones delante del niño, *dos iguales y uno diferente.* Pídele que te señale cuáles son los dos iguales. (Si no puede hacerlo, enséñale.) Pídele que te señale el botón que es *diferente,* que no es igual a los otros.

2. Dale varios botones de diferentes tamaños. Mira si puede encontrar el *mayor* y el *más pequeño.*

3. Dale varios botones. Selecciona uno y pídele al niño que busque uno igual al tuyo.
4. Si tienes botones de diferentes colores, di al niño que saque todos los blancos y los coloque juntos y después los rojos, los negros, etc. Esto es clasificar.
5. Observa si el niño puede reproducir la figura que haces con botones. (Esto ayuda a desarrollar su destreza visual.) Por ejemplo, puede preparar una hilera de botones pequeños y uno grande al final o en el medio. Pídele al niño que haga una figura igual a la tuya. (Debe ser capaz de hacer esto antes de estar preparado para todas las letras de una palabra.)
6. Si tienes botones de diferentes tamaños, haz que el niño coloque juntos todos los grandes y luego todos los pequeños. (Esto también es clasificar de acuerdo con el tamaño.)
7. Haz que el niño vaya poniendo los botones en el tarro, mientras tú los cuentas. (Al principio, sólo hasta el cinco.)
8. Estimula al niño para que aprenda a abrocharse y desabrocharse la ropa.

RECUERDA: FELICITA AL NIÑO SIEMPRE QUE INTENTE HACER ALGO.

MUÑECOS DE PAPEL

Lo que necesitas: Periódicos y tijeras.

Para qué: Para que el niño adquiera conciencia de las partes del cuerpo, y para iniciarlo en algunos conceptos numéricos.

Qué hacer: Dile al niño que vas a cortar algo mientras él observa.

Coge el periódico y dóblalo de tal modo que puedas cortar varios muñecos a la vez, (Acuérdate de recortar un brazo en el lugar donde queda el doblez para

que los muñecos queden cogidos de la mano.)

Háblale sobre lo que estás haciendo. "Ahora lo *cortaré* así, doblaré en la esquina y haré *algo redondo. Adivina* lo que estoy haciendo." (Anima al niño a que lo adivine, así está aprendiendo el significado de la palabra "adivinar", que necesitará saber en el colegio. Sigue hablando mientras cortas.)

Luego, abre los muñecos y ríe con el niño por la sorpresa. Es posible que el niño diga, "Hazlo otra vez." En esa

segunda ocasión, haz muñecos mayores o más pequeños que antes. Dobla el papel de tal forma que en cada ocasión salgan más o menos muñecos.

Cuenta los muñecos con el niño (ve de izquierda a derecha). Háblale sobre los muñecos cogidos de la mano.

Pregunta: *"¿Se parecen* o son *diferentes?"* Ayúdalo a darse cuenta de que son todos iguales.

Léele este poema:

"Corta, corta.
Una cabeza.
Corta, corta.
Algunos pies.
Corta, corta.
Algunos brazos.
Corta, corta.
Suelta, suelta.
Muñecos de papel
con ropa y gorra.
Las tijeras
van zumbando.
Con muñecos de papel
estoy jugando.
Mi mamá corta
uno, dos, tres.
Muñecos de papel.
Para el bebé.
Y para mí.
Me gusta el papel.
¿Quieres algunos?
¿Quieres ver? ¿Quieres ver?"

LAS MANOS AYUDAN

Lo que necesitas: Papel y un lápiz.

Para qué: Para desarrollar comprensión y estimación de sí mismo.

Qué hacer: Háblale al niño sobre las muchas cosas que puede hacer con sus manos.

Déjale pensar en todas las cosas que puede hacer. Le puedes ayudar sugiriéndole algunas.

Dibuja la mano del niño en una hoja de papel. Mientras lo haces, habla todo el tiempo: "Aquí vamos, alrededor del *dedo meñique, alrededor del dedo anular*, alrededor del *dedo corazón*, alrededor del *índice*, y alrededor del *pulgar* hasta llegar a la muñeca."

Cuando hayas terminado, cuenta los dedos con el niño. Luego, dibuja tu mano mientras hablas.

Dile al niño que observe *ambas* siluetas de las manos: "¿Cuál es tu mano? ¿Cuál es mi mano? ¿En qué se *parecen*? ¿En qué son *diferentes*? ¿Cuál es la *más pequeña?*" Dibuja *uñas* y *nudillos* en las manos. Explícale lo que estás haciendo. (Cuando termines, di que coloree las manos.)

Pregúntale:
¿Podrías escribir sin las manos?
¿Podrías dibujar sin las manos?
¿Podrías vestirte sin las manos?
¿Podrías comer sin las manos?

¡Cuánto nos ayudan las manos! (Esto ayuda al niño a pensar.)

Háblale de que debe lavarse las manos antes de comer, mantenerlas limpias, usarlas para cosas buenas, para ayudar a otros, no para pelear y dar golpes.

Fin: "¡Qué buenas manos tienes! ¡Me gustan!" (Esto crea en el niño buenos sentimientos.)

JUGANDO CON LA SOMBRA

Lo que necesitas: Nada especial.
Para qué: Para ayudar al niño a adquirir nuevos conocimientos, para saber el significado de muchas palabras nuevas.
Qué hacer: Lleva al niño a la calle en un día soleado y enséñale su sombra.

Muéstrale cómo se mueve la sombra cuando él se mueve.

Algunas veces la sombra es *larga*, otras veces es *corta*. Enséñale la sombra a *diferentes horas* del día para que él pueda notar cómo varía su longitud.

Si el día no es soleado, el niño puede ver su sombra con la luz de su cuarto por la noche.

Señálale tu sombra también y explícale que tu sombra es *mayor* que la suya.

Déjalo que se divierta en la calle. "Mira a ver si puedes *atrapar* tu sombra."

Enséñale a hacer animales con "sombras chinescas" colocando ambas manos juntas, los dedos hacia arriba para formar las orejas; mueve los dedos y harás que se muevan las orejas. Hazlo entre la luz y la pared. Esto puede resultar muy divertido para el niño, y es posible que a los niños mayores les agrade jugar a esto con el pequeño.

Léele este poema:

"Tengo una sombra amiga
que me pertenece.
Si miras donde estoy
mi sombra allí estará.
Corre, salta y baila
y va de aquí para allá.
Me acompaña cuando quiero
alcanzar el cielo.
O cuando me doblo a tocar el suelo."

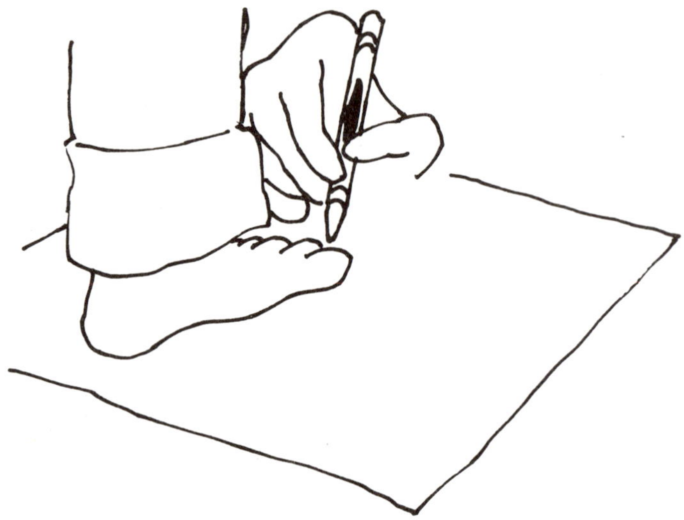

LOS PIES SIRVEN PARA ENSEÑAR

Lo que necesitas: Los pies del niño, un lápiz y una hoja de papel.

Para qué: Para enseñarle nuevos conocimientos y significados de palabras.

Qué hacer: Haz que el niño se quite los zapatos y se ponga sobre un folio de papel mientras le repasas el *pie.* (Mientras lo haces, habla todo el tiempo, explícale lo que haces. De esta forma aprende el significado de las palabras.) Di algo así como: *"Estáte muy quieto sobre el papel, mientras repaso la silueta de tus pies.* Aquí voy por los lados del pie, alrededor del talón, ahora por el dedo pequeño, ahora por los otros dedos. ¿Te hago cosquillas?"

"¡Vaya! Mira tu pie." (Manifiéstale tu entusiasmo y excitación como si esto fuera algo importante.)

La conversación sobre *un pie y dos pies:*

1. ¿Qué hacemos con los pies? Sí, son muy *útiles* para nosotros, nos ayudan a andar. ¿Podríamos andar sin ellos? ¿Cómo caminan las personas que no tienen pies? ¿Qué más podemos hacer? (*brincar, correr, saltar a la pata coja*).
2. ¿Qué nos ponemos en los pies? ¿Por qué usamos zapatos? (Estimula al niño a PENSAR. Esto desarrolla su inteligencia.)
3. ¿Cuántos dedos tenemos en el pie? (Cuenta con el niño, deja que repita después de ti.) Sí, cinco *dedos.* ¿Cuál es el *dedo más pequeño?* ¿El *dedo gordo?* (Estimula al niño a repetir cada frase completa después de que tú se la digas. CUANDO LO HAGA, FELICÍTALO.)
4. Haz que el niño ejecute las siguientes acciones mientras tú las dices con él: Los *pies caminan,* los *pies saltan,* los *pies corren, saltamos a la pata coja.* ELÓGIALO POR APRENDER.
5. Sienta al niño sobre tus rodillas. Dile esta rima mientras le tiras de los dedos:

"Este cerdito fue al mercado.
Este cerdito se quedó en casa.
Este cerdito no tomó nada.
Este cerdito dijo ta, ta, ta
durante todo el camino."

(Es posible que diga: "Otra vez"; si no, repítelo de todos modos. Dile que esto es simular..., fingir. ¡Cielos, cuánto se divertirá el pequeñín!

APRENDER EL CUERPO HUMANO

Lo que necesitas: Un lápiz negro y una hoja de papel.

Para qué: Para que el niño aprenda a auto-estimarse y tome conciencia de las partes del cuerpo y de su uso.

Qué hacer:

1. El programa televisivo *Barrio Sésamo* sugiere esta canción para ayudar al niño a aprender las partes del cuerpo. ¡Qué divertido es para el niño! (Dile que señale mientras cantas):

"Hombros, hombros.
Tengo hombros,
¡(el nombre del niño) también tiene hombros!
Codos, codos,
tengo codos,
¡(el nombre del niño) también tiene codos!
Nariz, nariz.
Tengo nariz.
¡(el nombre del niño) también tiene nariz!
Orejas, orejas
Tengo orejas
¡(el nombre del niño) también tiene orejas!"

Haz lo mismo con todas las demás partes del cuerpo, especialmente con las que el niño no conoce: rodillas, tobillos, caderas, pecho, pulgares, dedos, cuello, estómago.

2. Juega a "Estoy pensando":

Estoy pensando en algo que usas para andar. ¿Qué es?

Estoy pensando en algo que usas para oler. ¿Qué es?

Estoy pensando en algo que usas para aplaudir. ¿Qué es?

Estoy pensando en algo que usas para ver. ¿Qué es?

3. Tacto:

Toca las partes del cuerpo del niño. Haz que te diga lo que estás tocando. FELICÍTALO CUANDO CONTESTE CORRECTAMENTE.

4. Dale al niño un lápiz negro y pídele que se dibuje. Si dibuja los brazos saliendo de la cabeza, cosa normal a su edad, explícale cómo hacerlo correctamente, *pero no se lo hagas tú.* Esto podría hacerlo sentirse incapaz. Le puedes indicar cosas sencillas, como:

"¿Has dibujado el pelo? ¿Dónde están las piernas?"

Recuerda: estás estimulando al niño a pensar, no enseñándole a dibujar.

DIVERSIÓN CON LA COLADA

Lo que necesitas: La ropa que lavas y tiendes en las cuerdas.

Para qué: Para enseñarle al niño los nombres de la ropa y otros conocimientos sobre tamaños y colores.

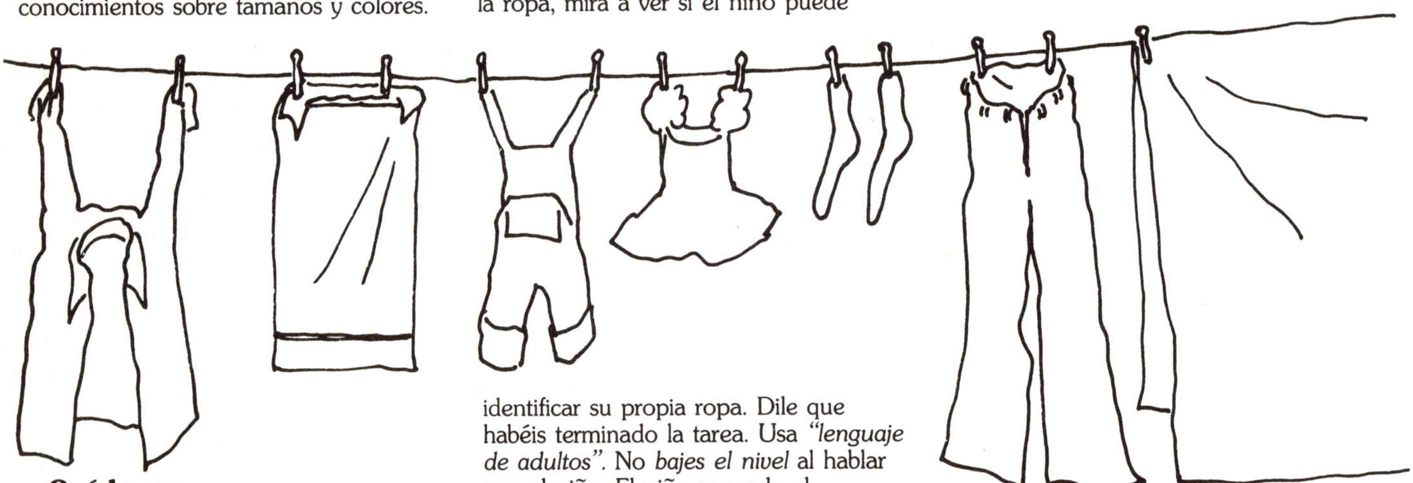

Qué hacer:

Habla mientras trabajas. Dile algo así como: "Aquí está mi blusa violeta. La tenderé primero. ¿Me puedes dar las pinzas de colgar la ropa cuando las vaya necesitando? Ahora necesito dos pinzas."

A medida que sacas cada prenda dile al niño cómo se llama esa prenda, su *color y quién la usa.* (¡Se aprende mucho con esto!)

1. Habla sobre las prendas *grandes,* como las sábanas y sobre las prendas *pequeñas.* Habla sobre las formas: prendas *cuadradas* (pañales), tapetes redondos, etc.

2. Cuando hayas terminado de tender la ropa, mira a ver si el niño puede identificar su propia ropa. Dile que habéis terminado la tarea. Usa *"lenguaje de adultos".* No *bajes el nivel* al hablar con el niño. El niño aprende el significado de muchas palabras cuando le hablas como le hablarías a un amigo, aunque es posible que tengas que repetírselas de diferentes formas, como: "Ya hemos acabado de trabajar. Hemos terminado la tarea. Ya se acabó."

3. Si tienes tiempo, cuenta las camisas, los vestidos, las faldas o las sábanas. *Cuenta a la vez que el niño.*

4. Al recoger la ropa y doblarla, deja que el niño doble las cosas pequeñas, como las toallitas de baño, etc. Háblale de *doblar,* de *separar* la ropa de color, la que hay que *planchar,* la que hay que *guardar...* AGRADÉCELE SU AYUDA.

(El niño se sentirá feliz, seguro y parte importante de la familia, si piensa que está ayudándote.)

5. Dale varios calcetines lavados y pídele que busque las parejas. Dile: "Busca otro calcetín igual a éste y colócalos juntos."

(Esto es el primer caso para adquirir disposición para la lectura: hallar las semejanzas, las diferencias.) El niño puede clasificar las cosas por colores, por tamaños, por el dibujo de las mismas...

PLANCHANDO Y APRENDIENDO

Lo que necesitas: Una plancha y ropa para planchar.

Para qué: Para enseñarle al niño nuevos significados de palabras y nuevos conocimientos, mientras tú trabajas.

Qué hacer: Algunas veces mientras planchas, háblale al niño.

Se puede decir algo así:

"Estoy trabajando. Estoy planchando. La plancha está caliente. Sale vapor. ¡Oye cómo el vapor hace ssizz!"

"Paso y vuelvo a pasar, hago mucha presión. Elimino las arrugas."

"Estoy planchando un *vestido*. ¿De qué color es el vestido? Sí, es azul. Es un vestido azul." (Habla con oraciones completas. Es así como el niño aprende las palabras, oyéndolas.)

"Ahora, coloco el vestido en una percha" o "ahora doblo la camisa así, uno, dos, tres, cuatro, cinco, seis botoncitos."

"Y después de doblarla, la coloco sobre la cama. Cuando haya terminado la colocaré en el cajón del armario para que tú la uses."

(Tu hijo aprende palabras nuevas oyendo y observando. Por favor, dale esa oportunidad.)

Finge la situación.

Haz que el niño simule que está planchando a la vez que tú.

Dale una tira de tela o un trozo pequeño de paño. Dale una taza de plástico o alguna otra cosa con lo que pueda fingir que tiene una plancha. Él, o ella, se divertirán doblando y planchando las piezas pequeñas, toallitas de baño, pañuelos.

Pregunta: ¿Qué es lo que está caliente? ¿Qué es lo que está frío?

Léele este poema varias veces:

"Plancha, plancha.
Plancha la ropa.
Camisas limpias.
Calcetines limpios.
Pantalones limpios
para vestirme.
Mi mamá trabaja
trabaja todo el tiempo.
Ella lava, plancha.
Y yo corro y juego.
Me gusta planchar
la ropa de la muñeca
Por favor, mamá,
¿puedo planchar ésta?"

LOS ZAPATOS SIRVEN PARA ENSEÑAR

Lo que necesitas: Varios pares de zapatos, de diferentes tallas.

Para qué: Para enseñar al niño nuevos significados de palabras; para iniciarle en los conceptos de similitud y diferenciación de tamaño y color.

Qué hacer: Coloca los zapatos en el suelo. Dile que vais a jugar con los zapatos.

1. Pídele al niño que te señale el par de zapatos *mayor;* el par *más pequeño.* Felicítalo, siempre que lo haga bien. Si no sabe, enséñale. Luego vuelve a preguntarle.

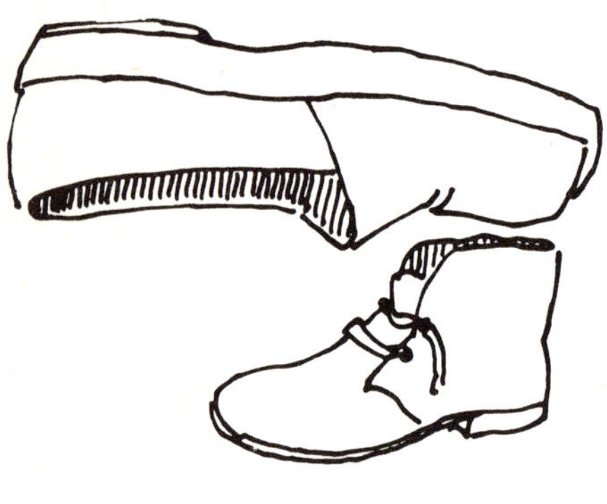

2. Mezcla los zapatos. Coge un zapato y pide al niño que busque la *pareja,* del que tienes. (Ayúdale a entender lo que significa "diferente". Para lograrlo es necesario repetir lo mismo con otros objetos.)

3. Pídele que te señale el par de zapatos más pequeño.

4. Para ayudarle a aprender a pensar, pídele que busque el par de zapatos que le servirá a mamá, a la hermana, a papá o al bebé. Observa si puede *relacionar el tamaño de los zapatos con el tamaño de las personas.* ¡FELICÍTALO SIEMPRE!

5. Háblale sobre los diferentes tipos de calzado: botas, sandalias, alpargatas, chanclas, zapatillas de tenis... Y háblale sobre los colores de los zapatos que tenéis en casa.

6. Motívale para que te diga *por qué usamos zapatos.* Léele varias veces esto:

"Tengo anillos en los dedos
y zapatos en los pies.
Y en la época de nieve
puestos los he de tener.
Sean grandes o pequeños,
de trabajo, de salir.
Nada puede preocuparme,
si cómodo me hacen sentir."

7. Empieza, poco a poco, a enseñarle a atarse los cordones de los zapatos. Esto requiere mucha práctica, pero será importante que lo sepa cuando esté en el colegio. Se sentirá satisfecho de sí mismo, si lo sabe hacer.

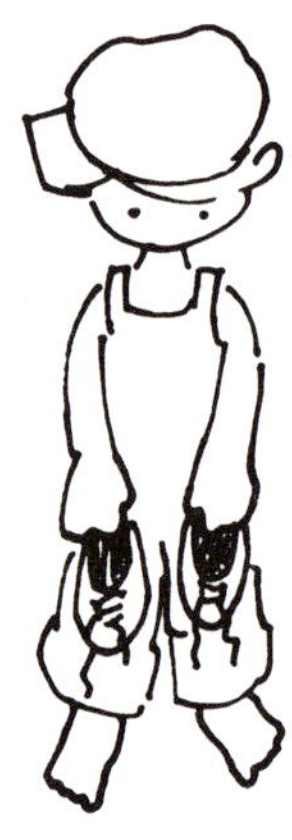

CAZANDO LUCIÉRNAGAS EN VERANO

Lo que necesitas: Un pequeño tarro, con agujeros en la tapa.

Para qué: Para ayudar a tu hijo a adquirir vocabulario, usando las cosas que nos ofrece la naturaleza.

Qué hacer: En verano suele haber muchas luciérnagas en el campo.

Antes de que esté muy oscuro, estimula al niño a cazar algunas luciérnagas para colocarlas en un tarro.

Explícale lo siguiente sobre las luciérnagas:

1. Algo en su cuerpo las ayuda a tener luz: son agentes químicos que se combinan con oxígeno (aire). Cuando respiran, el oxígeno produce una reacción y su cuerpo desprende luz.

2. Los científicos no saben a ciencia cierta para qué la luciérnaga produce la luz. Creen que lo hacen para conseguir una pareja.

Haz que cuente el número de luciérnagas que ha cazado.

Anímale siempre para que vuelva a dejarlas libres, cuando termine el juego, para que otras personas puedan disfrutar viéndolas encender y apagar su luz durante la noche.

Mientras el niño las va dejando en libertad, una a una, estimúlalo para que te diga cuántas han salido.

Lee este poema y habla de él con el niño. Si te gusta la poesía, tu hijo percibirá tu entusiasmo y disfrutará también. Haz que escuche el ritmo y aprecie la rima de algunas palabras.

Luciérnagas:

"Luciérnaga, luciérnaga
enciende tu luz.
Vas volando alto
como vuelas tú.
Linda lucecita
que siempre observamos
mamá, papá y yo
y todos mis hermanos."

LAS HOJAS SIRVEN PARA ENSEÑAR

Lo que necesitas: Varias hojas de árboles. Si no las tienes a mano, usa los dibujos de este libro.

Para qué: Para seguir insistiendo en los conceptos de tamaño y color, y en la apreciación de diferencia y semejanza de formas.

Qué hacer: Si es posible, *recoge las hojas* con el niño. Observa cuántos tipos y formas diferentes de hojas puedes encontrar. Utiliza todo el vocabulario que puedas, mientras hacéis eso juntos. (Esta es la forma en que el niño aprende, con experiencias directas.)

Algunas de las cosas que puedes hacer con el niño son:

1. Háblale de las hojas. Dile que crecen en los árboles y cuando viene el *otoño,* se caen y, en la próxima *primavera,* saldrán hojas nuevas; que cada nuevo *brote* se convertirá en una *ramita con hojas nuevas.* (Al niño le gustará que se lo expliques.) Muéstrale cómo está un árbol sin hojas y, en invierno, señálale las yemas de las ramas donde nacerán los brotes nuevos.

2. Háblale de los bellos colores de las hojas de otoño: marrón, anaranjado, amarillo, verde. Intenta que forme parejas de hojas, según el color.

"Búscame otra hoja verde como ésta."

"Búscame otra hoja amarilla como ésta."

¡FELICÍTALO, CUANDO LO HAGA BIEN!

3. Coge tres hojas; dos *iguales* y una *diferente.* Pídele al niño que te señale las que son iguales (de forma). Busca la que es *diferente.* (Acuérdate de que el niño no conocerá el significado de estas palabras hasta que se lo hayas repetido una y otra vez.)

4. Hazle preguntas que le hagan PENSAR (estás ayudándolo a desarrollar su inteligencia).

"¿Qué hoja es la *mayor?*"

(Enséñale tres hojas.)

"¿Cuál es la más pequeña?"

5. Dibuja algunas hojas; que el niño pinte una de marrón, una de verde y una de amarillo. NO LO OBLIGUES A MANTENERSE DENTRO DE LAS LÍNEAS. Sus músculos no se han adiestrado todavía.

UN MUNDO EN EL JARDÍN

Lo que necesitas: Nada.

Para qué: Para enseñarle al niño varias palabras nuevas.

Qué hacer: Ésta es una *lección sobre la naturaleza.*

La naturaleza puede enseñarle muchas cosas a tu hijo, pero esto lleva cierto tiempo. Háblale cuando se presente la ocasión más idónea:

un conejito que atraviesa el campo corriendo,

una ardilla que trepa a un árbol,

un pájaro en un árbol, en primavera,

una mariposa que revolotea a vuestro alrededor,

luciérnagas, en verano. (¡Qué divertido es cazarlas!)

Enséñale al niño a "aguzar la vista" para observar, para ver, ¡para hablar! ¡Es así COMO EL NIÑO APRENDE! Anímalo a mirar por la ventana para contar cuántos pájaros puede ver. Háblale de los pájaros.

Explícale alguno de estos hechos:

La mamá y el papá pájaro trabajan juntos para construir el nido; la mamá se queda echada sobre tres o cuatro huevecillos, empollándolos, hasta que nazcan los pajaritos. El papá pájaro vigila y trae comida para la madre mientras ella empolla los huevos. El papá pájaro tiene un color brillante, muy bonito; la madre lo tiene opaco, para que no la puedan ver fácilmente. La mamá y el papá les dan insectos y gusanos a las crías, hasta que éstas son lo suficientemente grandes para volar. Explícale cómo los pájaros usan hilos, plumas, hierba y trocitos de madera para construir el nido.

(Al niño le encantará oír hablar sobre cosas reales.)

Estimúlalo para que observe los pájaros.

Háblale del color de los pájaros y, si los puedes distinguir, cítalos por su nombre.

Enseña al niño a ser amigo de los pájaros, porque éstos nos ayudan. Se comen los insectos que destruyen las cosechas y los jardines.

Si tienes sobras de comida, deja que el niño dé de comer a los pájaros durante el invierno. Pon las migas fuera, en el jardín o la terraza, y los pájaros se acercarán.

¿Cómo puedes ayudar al niño a comprender muchas palabras y saber cómo usarlas, cuando comience en el colegio? (Necesita saberlas, para tener un verdadero éxito.) HABLANDO, LEYENDO, CONTANDO CUENTOS, PREGUNTANDO, ENSEÑANDO COSAS, DANDO PEQUEÑOS PASEOS. La naturaleza puede ser una gran ayuda para ti.

EL VECINDARIO ES UNA ESCUELA

Lo que necesitas: Nada.

Para qué: Para enseñar al niño a observar las cosas, para que pueda hablar sobre lo que ve, y para que aprenda nuevos significados de palabras.

Qué hacer: Lleva al niño a dar un paseo por la calle o por un parque.

Mientras andáis, anima al niño para que te explique lo que ve:

árboles grandes—árboles pequeños
arbustos grandes—arbustos pequeños
casas grandes—casas pequeñas
cortinas en las ventanas
hierba verde
un hormiguero
flores
semáforos
aceras
buzones
coches que pasan, camiones de distintas clases
personas altas y bajas.

Háblale de los colores de las cosas que ve.

Pregúntale cuántos colores diferentes puede distinguir en los coches que pasan.

Hablale sobre los *tamaños* de las cosas.

Cuando regreses a casa (transcurridos unos minutos de mucha conversación), dale al niño lápiz y papel y pídele que dibuje algo que haya visto durante el paseo. Si el niño dice: "No puedo", dile: "¡Claro que puedes! Ven, voy a buscar tus lápices de colores y te ayudaré." (Él necesita confianza.)

Una vez terminado el dibujo, no debes preguntar: "¿Qué has dibujado?" (¡El niño cree que todo el mundo debe saberlo!) Dile: "Explica el dibujo que has hecho."

¡Felicítalo!

Coloca el dibujo en algún lugar de la casa, para que la familia pueda verlo.

OBSERVANDO A LAS ARDILLAS

Lo que necesitas: Usa el dibujo de una ardilla que aparece en esta página o, mejor aún, si vives en una zona donde hay árboles y ardillas, observa alguna, con el niño.

Para qué: Para enseñarle nuevos significados de palabras y ayudarlo a disfrutar de la belleza de la naturaleza.

Qué hacer: Háblale al niño de las ardillas. Explícale cómo consiguen su alimento y cómo *esconden las nueces y las bellotas* en los huecos de los árboles y en agujeros bajo tierra, para poder alimentarse durante el invierno. (Al niño le gusta oírte.)

Háblale de su rabo, grande y peludo, y de cómo puede *trepar* muy rápidamente por los árboles. Háblale de sus orejas, sus patas y sus ojos. Cuéntale que las ardillas *construyen* sus casas en lo alto de los árboles. (Enseña al niño a observar las cosas de la naturaleza, en el campo, en el parque. Este aprendizaje le ayudará en el colegio.)

Háblale del color de la ardilla, del color de las nueces. Haz que el niño vaya señalando las partes del cuerpo de la ardilla, mientras las nombras. Pregúntale si *considera que la ardilla es inteligente.* ¿Por qué?

"Ardilín, la ardillita
trepa al árbol
se sienta en la rama y echa una ojeadita.
Baja del árbol y
escapa corriendo. ¡Oh!, está escondidita".

PIEDRAS PARA APRENDER

Lo que necesitas: Piedras y una bolsa de papel.

Para qué: Para que el niño adquiera nuevos significados de palabras, y para ayudarlo a observar las cosas de la naturaleza.

Qué hacer: Lleva al niño a dar un paseo. Camina por un parque o por el campo .

Ayúdale a buscar piedras lo suficientemente pequeñas como para que quepan en la bolsa de papel.

Háblale sobre el *tamaño* de las piedras. ¿Cuál es *más pequeña*? ¿Cuál es *mayor*? ¿Cuáles son *redondas*?

Haz que ponga las mayores en un grupo y las más pequeñas en otro.

Selecciona tres piedras. Pide al niño que diga cuál es la más pequeña.

(Él tiene que saber estas relaciones.)

Di al niño: "Las piedras son *duras*, no *blandas*."

"El algodón es blando, la tela es blanda."

"Las piedras son pequeñas."

"Algunas piedras son pequeñas."

"Algunas piedras son grandes."

"Algunas piedras son ásperas."

"Algunas piedras son lisas."

(Permítele tocarlas.)

Explica que algunas piedras son lisas porque el agua de la lluvia las ha puesto así. Dile que las piedras evitan que el agua de la lluvia arrastre la tierra blanda. Algunas veces, podemos encontrar una piedra blanda. Ésta se *deshará*.
Pero la mayoría de las piedras son duras.

Léele esto al niño:

Piedras grandes, una, dos,
Piedras pequeñas, una, dos,
Piedras blandas, una, dos,
Piedras duras, una, dos,
Piedras, piedras.
¡Cómo me gustan!

(Deja que toque palmas mientras cantas. A él le gustará.)

Esto puede inducir al niño a empezar una colección de piedras. Motívalo y, mientras caminas por ahí, busca las más raras para él.

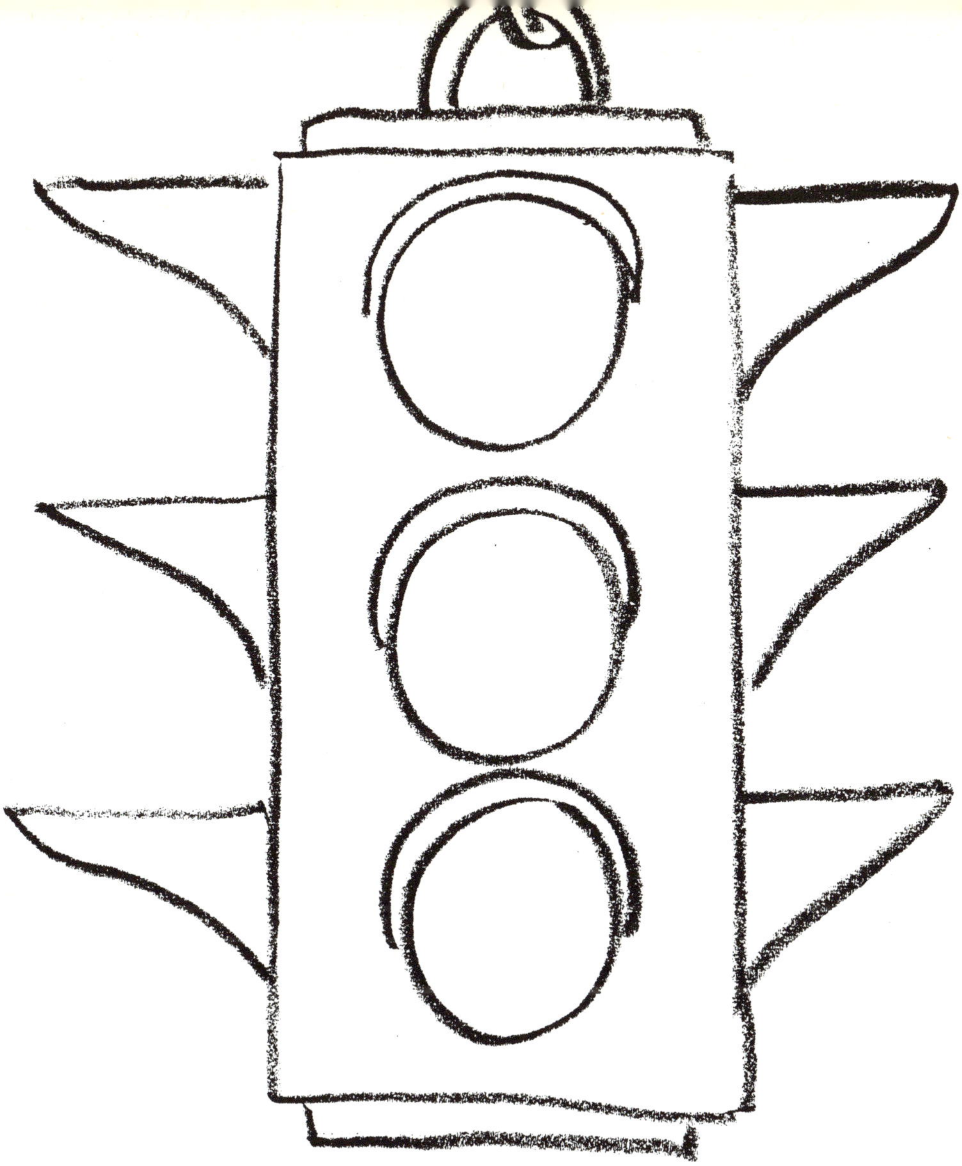

ROJO Y VERDE, PARA Y SIGUE

Lo que necesitas: Lápices de colores y papel.

Para qué: Para que el niño adquiera nociones de circulación por las calles.

Qué hacer: Enséñale al niño un semáforo, mientras camináis por la calle o vais en coche.

Háblale del color de las luces. Explícale al niño el *significado* de esos colores. (Verde quiere decir "puedes pasar"; roja quiere decir "para"; amarilla "espera".)

Según vayan cambiando las luces, pide al niño que te diga lo que quiere decir cada color.

Explícale por qué tenemos semáforos; sirven para evitar *accidentes*, ayudan a tener más *seguridad* en la ciudad. (Explícaselo de diversas maneras, para que él pueda entenderlo. Usa lenguaje de "adultos". El niño necesita escuchar palabras y asociar significados.)

ASÍ VA APRENDIENDO.

Dale al niño la caja de lápices de colores. Haz que coja el color que significa "puedes pasar".

Después, el color que significa "para".

Luego, el color que significa "espera".

(Recuerda. Felicítalo cuando conteste bien.)

Pídele que dibuje algunos semáforos. También puedes dejar que coloree el dibujo de esta página. Háblale de la *forma* de cada foco, a ver si el niño puede decirte lo que significa "redonda".

LAS SEÑALES Y LOS LETREROS HABLAN

Lo que necesitas: Nada especial.
Para qué: Para que el niño aprenda diferencias de formas y colores, observando letreros y señales.

También para que el niño aprenda a hablar con oraciones completas.

Qué hacer: Mientras camináis por la calle, y mientras vais en el coche, ayuda al niño a fijarse en las señales DE TODAS CLASES, COLORES Y FORMAS.

Muéstrale una señal. Dile de *qué color y de qué forma* es.

Algunas son redondas, otras son cuadradas, algunas son *triangulares* y otras tienen forma de *rombo*.

Ayuda al niño a que aprecie las diferencias de forma de las señales.

Dile que las señales nos dicen cosas y que, a veces, tienen palabras escritas. Léeselas.

Haz que las repita después y que diga oraciones completas: "La señal es roja. Dice STOP."

Explícale por qué hay señales de circulación..., igual que hay normas en casa o en el colegio, para ayudarnos a obedecer y a ser buenos ciudadanos.

Algunas veces puedes jugar: "Veamos cuántas formas diferentes de señales podemos ver mientras caminamos. Cuéntalas. O cuántos letreros son rojos, o verdes. ¿Dónde están los letreros con los nombres de las calles? ¿Y los de stop?"

Di, con el niño:

Letreros, letreros
por todo lugar,
letreros, letreros
por toda la ciudad.

Esta lección se puede poner en práctica durante todo el año.

El niño aprende con la repetición.

Éste es el comienzo para aprender a leer. No le estás enseñando a leer, pero sí lo estás preparando para la lectura. Para el niño, la lectura es lo más difícil de aprender.

Todas estas cosas le ayudarán a preparse para su primer curso en el colegio.

Además, estará hablando contigo y escuchándote... ¡Y eso es muy importante!

OÍR, NO MIRAR

Lo que necesitas: Un pañuelo, para vendarle los ojos al niño.

Para qué: Para enseñarle a escuchar. Para adquirir conocimientos. (Esto es importante para desarrollar su capacidad de leer.)

Qué hacer:

1. Inventar un juego en el que tenga que escuchar.

Véndale los ojos con el pañuelo y dile:

"Pon a funcionar
tus orejas de elefante
y vamos a ver
qué bien adivinaste."

Luego, haz un ruido para que el niño adivine qué es. Puedes hacer cosas como dejar caer algo en el suelo, partir papel, toser, aplaudir, rascarte la cabeza y (si estás en la cocina) abrir el grifo del agua.

(Felicita al niño cuando reconozca los sonidos que haces.)

2. Simula que eres un animal. A ver si el niño puede adivinar qué animal es cuando haces:

oing... oing
bee... bee
muu... muu
guau... guau
qui quiri quí
gluglú... glugú
pío... pío

3. Observa si el niño puede imitar sonidos. Pídele que diga:

Cómo suena el automóvil.
Cómo suena la sirena de una ambulancia.
Cómo llora un bebé.
Cómo ríe el payaso.
Cómo le canta mamá al bebé para que se duerma.
Cómo gruñe un oso rabioso.

MÁSCARAS

Lo que necesitas: Bolsas de papel y lápices de colores. NO utilizar jamás bolsas de plástico que, al cargarse de electricidad estática, se adhieren fuertemente a la cara, poniéndolo en peligro de muerte por asfixia.

Para qué: Para enseñarle al niño nuevas palabras y para insistir en los conocimientos que va adquiriendo sobre las partes del cuerpo.

Qué hacer: Coge una bolsa de papel color marrón, de las de la compra. Colócala en la cabeza del niño (usa muchas palabras: *saquito, funda, marrón, compra, poner sobre, cabeza,* etc.).

"Ahora... ¿puedes ver? Por supuesto que no, porque tus ojos están tapados. Enséñame dónde están tus ojos." (Deja que él los señale; luego, haz una marca y rompe la bolsa por el lugar donde están los ojos.)

"Ahora, ¿dónde está tu nariz?" (Haz que se la señale.) "Ahora, tócate la boca."

"Ahora vamos a quitarte la bolsa y a hacer una careta."

"*¿Qué clase* de cara queremos? ¿Haremos una *cara de miedo*? ¿Una cara bonita? ¿Una cara triste? ¿Una cara alegre?"

Una vez hecho esto, corta en los lugares donde están los ojos, la nariz, la boca... explicándole, todo el tiempo, lo que estás haciendo.

Dale los lápices de colores y ayúdale a decidir qué clase de cara (careta) va a hacer. Deja que garabatee. No esperes algo perfecto.

Si él quiere una *cara graciosa, estimúlalo a hacer una boca grande y*

roja y una nariz redonda y cómica como la de un *payaso.*

Una vez que haya terminado, haz que se la ponga, y se mire al *espejo.* Ríete con él. ¡A él le encantará!

Hay muchas cosas que puedes hacer después. Por ejemplo:

"Ahora, asústame. Di, buuuú."

"Ésta es una *cara alegre.* ¿Qué haría una persona alegre?" (Cantar, quizá..., ¿por qué no cantar?)

"Si es una cara triste, ¿qué haría una persona triste?" (¿Lloraría?)

UNA BRUJA DE CALABAZA

Lo que necesitas: Una calabaza y un cuchillo.

Para qué: Para que el niño adquiera nuevos conocimientos realizando esta actividad contigo. Esto le hará sentirse feliz, seguro y querido por ti.

Qué hacer: Háblale mucho mientras trabajas, es así como el niño aprende. Dile algo parecido a esto:

"¿Te gustaría hacer una calabaza luminosa?" (Explícale lo que es.)

"Vamos a trabajar con una *calabaza* y un *cuchillo afilado*. Hay que tener mucho cuidado con el cuchillo, así que seremos prudentes."

"Primero, haré un agujero en la parte de arriba. ¿Cuál es la parte de arriba?, ¿y la parte de abajo?"

"Mira, *¿qué hay dentro*? Mira todas las *semillas*. Vamos a ir sacándolas y colocándolas en este platito."

(Deja que el niño te ayude.) SÍ ¡CLARO QUE SE RIEGA! Enséñale las

semillas. Dile que si se siembran en la tierra, nace primero una *enredadera* y luego calabazas.

"Vamos a poner algunas a secar afuera; podremos sembrarlas cuando venga la primavera y haga más calor. Podríamos sembrar una calabaza en nuestro *propio jardín*."

"Ahora, ¿qué necesita nuestra calabaza para que se convierta en una cara? Sí, unos ojos. ¿Cuántos?, ¿una nariz? Y una boca grande" (corta y habla, mientras lo haces). "¿Hacemos una boca grande? ¿Te gustaría ponerle una boca sonriente? ¿Le cortamos algunos dientes?" Cuando hayas terminado, haz que disfrute con ella.

Tus hijos mayores disfrutarán, si hacen esta lección en tu lugar.

Si no consigues una calabaza, dibuja una en un papel. Puedes ayudar al niño haciéndole los *ojos en forma de triángulo*, la nariz y la boca sonriente. Deja que él lo coloree. Acuérdate de *hablar y dejarlo hablar*. Él estará aprendiendo.

¡Que os divirtáis!

DIVERSIÓN EN NAVIDAD

Lo que necesitas: Un árbol de Navidad y adornos para el árbol.

Para qué: Para que el niño adquiera nuevos conocimientos y aumente su vocabulario, mientras se divierte contigo.

Qué hacer: Algunas de las siguientes cosas las puedes hacer con el niño.

Pon un árbol de Navidad. Deja que el niño ayude a decorarlo. ¡Puede aprender tantas cosas con ello!

"Búscame *otra bombilla roja,* como ésta. "Vamos a colocarla *bien arriba,* cerca de la punta." "¿Qué debemos colocar debajo del árbol?" "Vamos a colocar el espumillón plateado alrededor del árbol pasándolo de rama en rama."

Haz que el niño te conteste las preguntas que le haces. Déjalo divertirse. Enséñale significados de palabras, mientras hablas. Con eso, el niño está aprendiendo. Recuerda: para que tenga éxito en el colegio, necesita saber cientos de palabras.

Si tú haces los adornos, deja que el niño te ayude.

Mientras paseáis por la calle, haz que se fije en los adornos de Navidad...

en las tiendas
en las calles
en las ventanas
en las puertas.

Háblale de ellos, de sus colores, de sus formas.

Háblale de los regalos, ¿qué son?, ¿para quién?, ¿de qué colores son? Háblale del papel de envolver regalos y de los lazos.

Mientras preparas la cena de Nochebuena o Fin de Año, acuérdate de explicarle lo que haces, cuando te observe.

UN TREN DE CAJAS DE ZAPATOS

Lo que necesitas: Algunas cajas le zapatos, vacías, y una cuerda.

Para qué: Para enseñarle nuevos ignificados de palabras y conocimientos elacionados con el transporte. Para yudar al niño a aprender, a través del uego.

Qué hacer: Deja que el niño se notive y ayúdale a cortar la cuerda. nientras haces un agujero en el extremo le cada caja. Con una cuerda corta, ata ada caja a la siguiente.

Ata un trozo de cuerda, más largo, a a caja primera de modo que el niño oueda tirar de los vagones. Mientras aces el tren, háblale al niño. Explícale o que haces; es así como el niño prende.

Juega a los trenes.

Di al niño que sea el *maquinista.*

Pregunta: "*¿Qué vas a colocar en los vagones?*" (muñecos, bobinas de hilo, papel, trozos de tela, botellas vacías, etc.).

Dile: "Ahora lleva el tren hasta la primera estación. La primera *parada* termina *al lado* de la cama. La estación es Madrid".

"Ahora, *descarga* el tren." (Explícale.) "Cojo el tren vacío. ¿Hacia dónde vamos ahora? ¡Vamos a Barcelona! ¡Todos al tren! ¡Ahí vamos! Ahora lleva el tren hasta la próxima parada cerca de la silla. *Vuelve a cargarlo.* Pii-chucuchucuchu-pii. Ahí va el señor maquinista."

(Anima al niño a jugar solo, después de que le hayas enseñado. Enséñale a guardar el tren para otra ocasión en la que quiera volver a jugar con él.)

"Pii-chuchuchucuchú-pii.
El tren viene por la vía,
Pii-pii.
Oye las campanas hacer rin,
Chu-chu,
Puf-puf,
Tut-tut,
Pii-chuchuchuchuchú-pii."

CAJAS PARA APRENDER

Lo que necesitas: Cajas de diferentes tamaños. Trata de encontrarlas, por lo menos, de tres tamaños diferentes.

Para qué: Para enseñar al niño a pensar, a desarrollar su inteligencia. Para afianzar los conceptos de grande, pequeño y mediano.

Qué hacer: Puedes hacer algunas de las siguientes actividades:

1. Ejercicios para ejercitar el pensamiento: Coloca tres cajas vacías delante del niño, pon las tapas y después mézclalas. Trata de que el niño pueda encontrar la tapa correcta para cada caja y colocarla sobre ésta. ¡FELICITALO!

2. Señálame...: Di al niño: "Señálame la caja que usarías para colocar los zapatos."

"Señálame la caja que usarías para colocar una bolsa de patatas."

"Señálame la caja que usarías para colocar los zapatos del bebé (o tus lazos del pelo, un reloj, etc.)."

3. *Veo, veo:* Juega a *veo, veo.* "Veo una caja que sería del *tamaño* apropiado para meter un conejito, algunos caramelos, tu *abrigo,* la muñeca de María, tu camión..."

(Observa si el niño puede escoger la caja apropiada para el objeto. Tienes que explicarle que la caja seleccionada puede ser muy grande o muy pequeña, porque el niño necesita aprender a pensar.)

4. *Contar:* Cuenta las cajas. Cuenta las tapas. Cuenta las cajas y las tapas. Pregunta: "¿Cuál es la mayor?, ¿y la más pequeña?"

5. Juega a *¿Cuál falta?* Haz que el niño cierre los ojos. Quita una de las cajas. Cuando el niño abra los ojos, debe adivinar cuál falta, la *grande,* la *mediana* o la *pequeña.* (Esto le ayudará a desarrollar su retentiva visual.)

6. Lee esto:

"Una caja grande para los zapatos de papá.

Una caja mediana para el conejito blanco.

Una caja pequeñita para la tortuguita."

"¡Cajas grandes
cajas medianas
cajas pequeñas!"

GOZA CON LOS JUEGOS; tu niño se sentirá feliz y aprenderá con más rapidez.

OBSÉRVALA CRECER

Lo que necesitas: Una judía, un tarro con agua y algodón en rama.

Para qué: Para enseñar al niño nuevos significados de palabras y desarrollar nuevos conocimientos.

Qué hacer: Coge cualquier legumbre (judías, garbanzos, lentejas) y di al niño que vais a sembrarla. Explica a tu hijo que las plantas necesitan agua para alimentarse y crecer, y que por ello debe ponerla sobre un algodón mojado.

Luego explícale que durante *algunos días* tendrá que *esconderla* en un *lugar oscuro* (bajo el fregadero o en la despensa). Transcurridos unos días, haz que el niño la examine y vea que tiene raíces. Explícale que éstas ayudarán a crecer a la planta.

Explícale que cuando la *planta* empieza a crecer, se *alimenta* con el agua. Todas las plantas necesitan alimento. Las plantas necesitan también luz solar para crecer, y es necesario que la pongamos en la ventana.

A los pocos días aparecerán unas hojitas arriba y crecerán. (Haz que le resulte interesante, verás cómo se iluminan sus ojos. Háblale como lo harías con un adulto. Así el niño aprenderá más.)

Dile al niño que ésta es su planta. Necesita agua y luz solar para *crecer*. (Explícale las cosas de varias maneras para que el niño aprenda muchos significados. Recuerda que debe entender muchas palabras y hablar con la mayoría de ellas.) Luego, el agricultor *recoge* las legumbres que se han formado en las plantas, las coloca en cestas y las lleva al mercado para que nosotros las compremos.

Lee este poema varias veces:

"A veces, en primavera,
cuando el día está caliente,
yo recojo una judía
y la pongo en un recipiente.
Le añado un poco de agua.
Quiero verla brotar.
Unas raicillas salen.
¡Cómo me gusta observar!
Veo unas pequeñas hojas
que brotan de los tallitos.
Crecen, y crecen, y crecen.
Tal vez nunca pararán.
Me gusta ver mi plantita
con sus hojas verdecitas
y si la coloco afuera
bailoteará con la brisa."

CALCETINES PARA ENSEÑAR

Lo que necesitas: Algunos calcetines, uno o dos pares de diferentes tamaños y colores.

Para qué: Para enseñar a tu hijo varias habilidades mentales, como son la retentiva visual, la asociación de objetos, según tamaño y color.

Qué hacer: Hay varias lecciones que puedes enseñar. He aquí algunas:

1. Coloca los calcetines sobre la cama, o en el suelo, para que el niño los pueda ver bien. Pídele que busque *dos calcetines que formen una pareja, dos que sean iguales.* (Pon tres calcetines, uno de ellos de distinto color. Si puede hacerlo, felicítalo; si no, señálale los dos iguales y vuelve a preguntarle, después de haberlos mezclado.)

2. Di: "Ahora vamos a jugar a *esconder algo.* Tú cierras los ojos y yo *escondo uno.* Mira a ver si puedes adivinar cuál he escondido. Ahora, recuerda, no puedes mirar." Si tu hijo puede hacerlo, di: "¡Qué listo eres!" (Ayúdalo a pensar *que puede* hacerlo bien. Aprenderá más fácilmente.)

3. Cuenta los calcetines. Cuenta al mismo tiempo que él. ¿Cuántos tenemos?

4. Ahora, pide al niño que *quite uno,* y vea *cuántos quedan.* Cuenta con él. (¡Sí, correcto. ¡Muy bien!)

5. Trata de conseguir calcetines de diferentes tamaños. Pregunta: "¿Cuál es el mayor? ¿Cuál es el más pequeño? ¿Cuál es para el bebé? ¿Cuál le serviría a tu hermano mayor? ¿Cuál te serviría a ti?" (Estás enseñando al niño a pensar. Está aprendiendo a asociar ideas, lo cual es importante para desarrollar su inteligencia.)

6. Ahora, pregunta: "¿Qué hacemos con los calcetines? ¿Por qué los *usamos*? ¿Cuál es la parte de los dedos? ¿Qué es el talón? ¿Qué hacemos cuando están gastados?" (Explícale que eso significa que se les hacen agujeros.) "Sí, tenemos que ir a la tienda y comprar más, y necesitamos *dinero,* ¿verdad?" Debemos cuidar los calcetines para que nos duren *mucho tiempo.* (Sigue argumentando sobre lo que le dices al niño. Díselo de diversas maneras. Es así como aprende las palabras.)

7. Si tienes calcetines de diferentes colores, comprueba si el niño puede distinguir el rojo, el azul, el marrón, etc. (Esto le ayudará con los colores. Sigue repitiendo. ¿De qué color son los calcetines que llevas puestos?)

Si tienes tiempo, haz una marioneta con un calcetín. Rellena el calcetín y

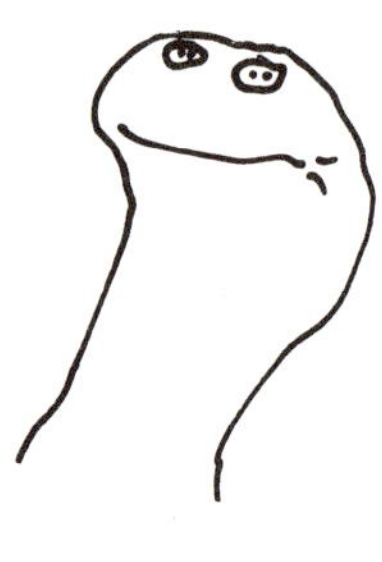

cósele botones en los ojos y la boca. Deja que el niño se divierta con ella.

El niño aprenderá muchas palabras con esta lección.

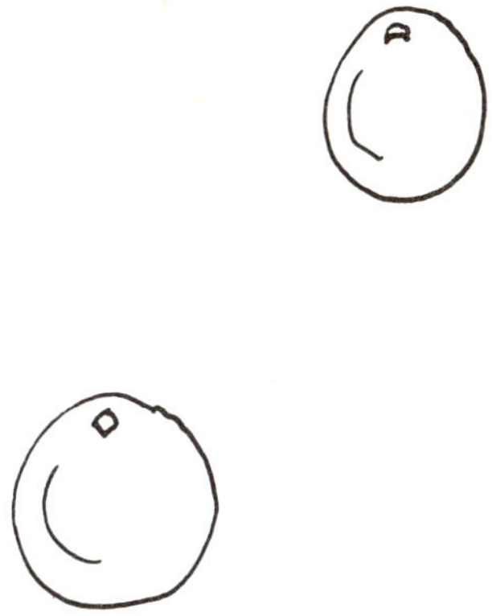

POMPAS DE JABÓN

Lo que necesitas: Una pajilla o un canuto y un poco de jabón.

Para qué: Para que el niño adquiera más vocabulario y nuevos conocimientos, mientras jugáis juntos y recibe cariño y seguridad en sí mismo.

Qué hacer: Deja que el niño te observe mientras haces la *mezcla para las burbujas*, con jabón en polvo, o líquido, y agua tibia. Háblale, mientras preparas la mezcla. El niño aprenderá, riendo y ayudándote. Mientras lo haces, comenta si el agua está *fría, caliente* o *tibia*.

Dale al niño el canuto para hacer pompas con él. Haz que sumerja un extremo en la mezcla de jabón y sople, suavemente, a través del otro extremo. Un alambre con un extremo en forma de anillo y el otro extremo doblado para sostenerlo, le servirá para hacer burbujas mayores.

Se pueden hacer burbujas mayores aún sumergiendo las manos del niño en la mezcla de jabón, se colocan juntas con las palmas hacia arriba, a unos

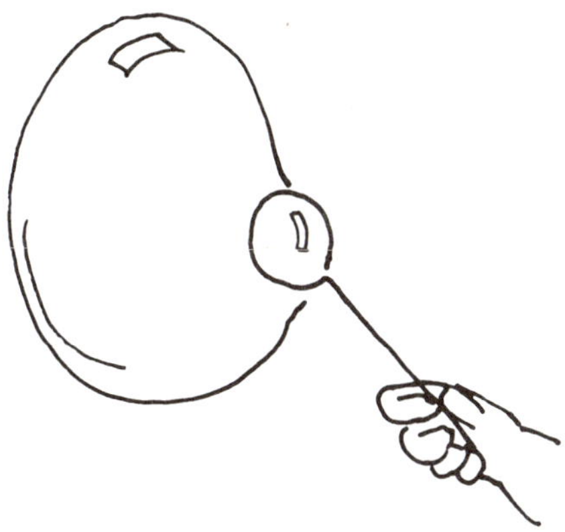

centímetros de la boca. Enséñale a soplar suavemente por la abertura que queda entre ambas manos. (¿Hiciste esto alguna vez cuando eras pequeño?)

Cuenta las pompas que salen: una, dos, tres, cuatro...

Habla sobre el número de pompas que hacéis. (Usa términos como "muchas pompas, pocas pompas"... Éstos son conceptos que el niño necesitará cuando vaya al colegio.)

Haz que el niño *sople hacia arriba, hacia abajo, hacia la derecha, hacia la izquierda*, etc.

Dile que observe las pompas hasta que se rompan. Si tuvieras un trapito de lana, el niño podría mantener las pompas en el aire usándolo sobre un trozo de cartón. Podríais cazar pompas.

Deja que los niños mayores jueguen con el pequeño. ¡TODOS A HACER POMPAS DE JABÓN!

Léele esto al niño:

"La burbuja sube
hacia las nubes.
Pop, pop, pop.
Ya se destruyó."

SILLAS PARA ENSEÑAR

Lo que necesitas: Varias sillas.
Para qué: Para fomentar en el niño la adquisición de palabras nuevas, para que sepa apreciar semejanzas y diferencias entre los objetos y para iniciarle en la comprensión de conceptos numéricos.
Qué hacer: Pregunta a tu hijo: "¿Para qué *usamos* las sillas?" (Estimúlalo a contestar. Si el niño dice "para sentarnos", di: "Sí, usamos las sillas para sentarnos." Usa una oración completa, aunque él use una sola palabra. Completa la oración de lo que el niño dice, y así aprenderá oyéndote hablar.)

"¿Cuántas *patas* tiene una silla? *Cuenta conmigo.* Sí, una, dos, tres, cuatro." Deja que el niño cuente, después de que tú lo hagas.

Señálame el *asiento* de la silla. Señálame el respaldo. (Felicítalo, si lo sabe... "¡Vaya, qué listo eres!")

Di al niño que la silla está hecha de la madera que obtenemos de los *árboles.* Es un *mueble.*

Pregunta: "¿Tenemos otra silla como ésta? Búscala."

"¿Tenemos alguna silla *diferente?*" (Explícale lo que significa la palabra.) "Busca *otra silla* en la casa, que *no sea igual a ésta.*"

"Vamos a la cocina. ¿Cuántas sillas tenemos? Cuenta cuando yo. ¿Son todas iguales?"

"Ahora, vamos a jugar." (Haz que el niño se divierta.)

"Ahora, voy a decirte algo que debes hacer y vamos a ver si lo logras. Escúchame bien. ¡Atento!" Dale algunas instrucciones; si el niño las sigue correctamente, FELICÍTALO.

Los niños aprenden escuchando y siguiendo instrucciones:

Siéntate.
Ponte de pie.
Ponte detrás de la silla.
Ponte delante de la silla.
Anda alrededor de la silla.

(Dale las instrucciones nuevamente y comprueba si puede recordar lo que debe hacer. Dile: "¡Qué bien entiendes. Has seguido las instrucciones.» Él no sabrá exactamente qué quieres decir, pero éstas son palabras que necesitará en el colegio.

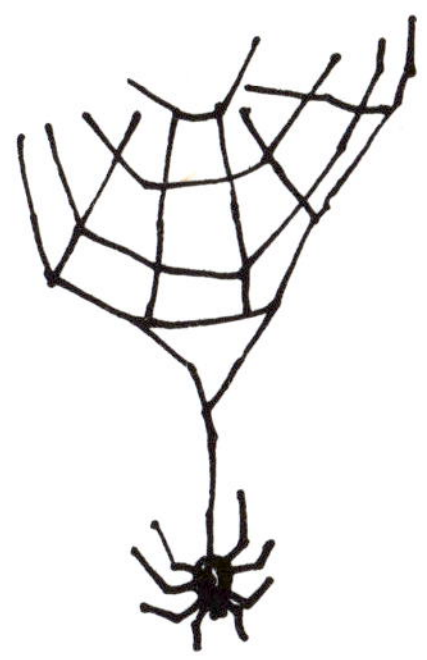

LA TELA DE ARAÑA

Lo que necesitas: Encontrar una tela de araña en el campo, o en un parque.

Para qué: Para desarrollar en el niño interés por la Naturaleza, a la vez que le enseñas a observar y a comprender significados de nuevas palabras.

Qué hacer: Explícale a tu hijo estas cosas sobre la araña.

Dile que la *araña teje* su *tela* para cazar *moscas y otros insectos* para comérselos. De esta forma, nos ayuda a deshacernos de insectos que podrían dañar las plantas del campo. Dile que hay arañas de *diferentes tipos* y colores. Algunas arañas de jardín son de colores brillantes. Otras son de color marrón o gris. Muy pocas arañas son peligrosas. (Pero no lo animes a cazarlas.) Dile que la araña hace la tela porque en la parte de abajo de su cuerpo tiene *hileras.* Las hileras son glándulas que producen seda y que están dentro del cuerpo. Cuando la araña quiere tejer una telaraña, echa hacia afuera el *líquido de seda* que se endurece cuando sale al aire. La araña pega el hilo a una hoja, o a la *rama de un árbol,* y pasa el hilo hacia arriba y hacia abajo, hacia adelante y hacia atrás hasta que termina su tela.

Intenta encontrar una telaraña y obsérvala, junto al niño. Te sorprenderá el interés del niño. No comprenderá todo lo que dices, pero estará aprendiendo, pensando, al escucharte.

Si sabes alguna canción sobre arañas, cántala con el niño.

Puedes hacer el siguiente juego:

"Una arañita chiquitita subía por el tejado." (Trepa por el brazo con los dedos.)

"Empezó la lluvia que la arrastró hasta el suelo." (Baja las manos, moviendo los dedos, figurando la caída de la lluvia.)

"Salió el sol y secó todo de nuevo." (Haz un sol con tus manos.)

"Y la arañita chiquitita subió otra vez, sin miedo." (Vuelve a subir por el brazo con los dedos.)

Dile al niño que juegue él también con sus dedos.

¡Se divertirá mucho!

DIBUJOS QUE HABLAN

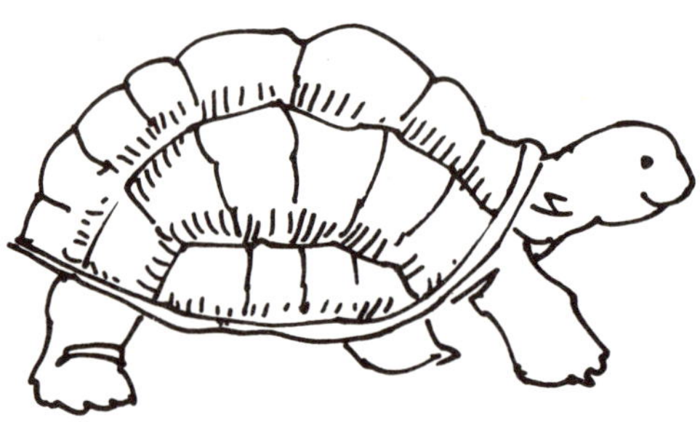

Lo que necesitas: Los dibujos de esta página.

Para qué: Para enseñar significados de palabras: manchas claras y oscuras, pesado, grande y pequeño. Para enseñar al niño a observar y pensar, para ayudarlo a apreciar diferencias.

Qué hacer: Primero, pídele que indentifique los animales que hay en los dibujos. (Ve de izquierda a derecha, en cada fila.)

Háblale sobre: Las manchas de los animales. (Dile si las manchas son oscuras, claras, grandes o pequeñas.)

Lee este poema:

"Hay algunas manchas
en mi carita,
pecas las llaman,
bien coloraditas.
No logro borrarlas,
aunque lo intento y lo intento,
y pecas tendré
por mucho tiempo.
Mi cabello rojo,
mis graciosas pecas,
adoro a mi madre
y está satisfecha.
Al perro también
algunas le vi.
¿Te gustan las pecas?
¡Espero que sí!"

(Esto le ayudará al niño a desarrollar actitudes positivas hacia personas que son diferentes. Es bueno enseñarles a los niños que la gente es diferente de aspecto, pero que a nosotros nos agrada que sea así.)

Juega: "Estoy pensando en un animal que da leche (o que tiene concha, etc.)" Deja que el niño adivine el animal del que estás hablando.

FALTA ALGO

Lo que necesitas: Los dibujos de esta página y lápices de color.
Para qué: Para enseñar al niño a pensar y a observar detalles. (Esto desarrolla la capacidad visual que le ayudará cuando empiece a aprender a leer.)

Haz que el niño hable sobre cada dibujo, mientras los colorea. (Deja que lo haga él mismo.)

Llama a este juego *Ojos vivos*. Lee este poema:

"Mira, mira
con ojos vivos
concéntrate bien.
¿Cuál fue el olvido?
Es una mano
¿Para comer?
Es un animal
¿Sin pies?
Ojos vivos, ojos vivos
algo está mal
en el dibujo algo
se quedó sin pintar.
Dime, dime de verdad.
¿Qué es lo que no ves?
Dime, ojos vivos,
quiero saberlo."

(NO TE OLVIDES DE FELICITAR AL NIÑO SI PUEDE ENCONTRAR LO QUE FALTA. AYÚDALO, SI NO PUEDE. VUELVE A REPETIR LA LECCIÓN EN OTRA OCASIÓN, SI ES NECESARIO.)

PONIENDO LA MESA

Lo que necesitas: Un plato, un tenedor, un cuchillo, una cuchara.

Para qué: Para ayudar al niño a aprender nuevas palabras y a desarrollar su capacidad de memorización y su percepción visual, recordando lo que ve.

Qué hacer: El niño se sentirá feliz ayudando. He aquí algunas cosas que puedes hacer:

1. Si tienes platos que no se rompan fácilmente, el niño puede ayudarte a poner la mesa. Pregúntale: "*¿Cuántos* platos necesitaremos...? Vamos a ver, uno para ti, uno para... y otro para..., etcétera. Ahora, *cuéntalos* y mira si tenemos suficientes."

(Haz lo mismo con los tenedores y las cucharas. Mientras le enseñas esto, también podrías comenzar a enseñarle cuál va a la *derecha* del plato y cuál a la *izquierda*, "el cuchillo y la cuchara a la derecha del plato, el tenedor, a la izquierda, el vaso en el centro, enfrente del plato".)

AGRADÉCELE SU AYUDA. Dile que tenga cuidado y que no debe romper nada.

2. Di al niño que cuente si hay suficientes sillas para toda la *familia.* (Usa estas palabras, él necesitará saberlas cuando vaya al colegio.) Cuenta las sillas.

3. Coge el cuchillo, el tenedor y la cuchara y colócalos frente al niño. Pídele que cierre los ojos mientras tú *retiras* o *quitas* —usa ambas palabras— uno de ellos. Después, dile que abra los ojos y piense qué cubierto has quitado. Si puede hacerlo, FELICÍTALO. Si no, vuelve a intentarlo. Luego, mézclalos y vuelve a quitar otro. Convierte esto en un juego divertido.

4. Coge un plato, un cuchillo, un tenedor y una cuchara y colócalos en la mesa. Haz que el niño coja los objetos y trate de *colocarlos* en el *mismo orden* o de la *misma forma* que tú lo has hecho previamente. Varía esta fórmula, a ver si puede imitar tu forma de colocarlos. (Si puede hacerlo, se le hará más fácil la lectura cuando vaya al colegio.)

Otros ejemplos de actividades:

5. Habla sobre los colores de los platos. Si tienes platos de diferentes colores, el niño puede escoger, de entre tres platos, el que es diferente.

(No te desanimes si el niño no puede, enséñale a *mirar* y a *imitar*. Con unos pocos minutos al día le puedes enseñar muchas cosas.)

CAPÍTULO 4

CIENTOS DE PALABRAS

Objetivo:
Enriquecer el léxico de tu hijo, cuantitativa y cualitativamente, y mejorar la comprensión verbal.

Contenido:
1. La finalidad de la lectura.
2. La necesidad de la interacción verbal de todos los miembros de la familia.
3. La relación entre el vocabulario de los padres y el de los hijos.
4. Variedad de experiencias y aprendizaje de la lectura.

Observaciones:
— Está demostrada la continuidad en el desarrollo del lenguaje: la longitud de emisión y la complejidad de las frases a los cuatro años y medio correlaciona de forma positiva con la que se tenía a los dos años y medio. Trabaja con vistas a largo plazo: estás invirtiendo en el futuro lingüístico de tu hijo.
— No te centres tanto en el número de palabras que debe saber cuanto en la *calidad* general de la interacción que se propone entre líneas.
— Piensa que una gran parte del desarrollo intelectual de tu hijo tiene lugar *antes* de que vaya a la escuela, y el lenguaje es un factor determinante.

¿Para qué leer?

¡No te preocupes!

El cerebro de tu hijo se desarrolla rápidamente entre los dos y los cuatro años de edad. Ésta es una etapa importante para el aprendizaje del niño y, con vuestra ayuda y comprensión, puede aprender aún más.

Pero no te preocupes en exceso. Todos los niños son diferentes, y el lenguaje no se desarrolla por igual en todos los casos. Algunos niños comienzan a hablar antes que otros y, en muchos casos, la diferencia es de semanas, o de meses, entre unos niños y otros.

Así que ten paciencia y trata de hacer todos los días algo de lo que dice este libro. La preocupación es más perjudicial que provechosa. Sigue trabajando con tu hijo y anímalo para que continúe aprendiendo al ritmo que le permita su capacidad.

Los estudios demuestran que la lectura ayuda a obtener éxito en el colegio. Los padres que leen en voz alta a sus hijos han visto que éstos tienen menos dificultades a la hora de aprender a leer.

Tu hijo se dará cuenta de que leer es divertido. Si te entusiasmas con el libro, tu hijo lo notará y pensará que leer es divertido. Disfrutará oyéndote reír cuando leas las partes cómicas del cuento.

Tu hijo comprenderá muchas cosas y aprenderá el significado de muchas palabras. Claro está que, cuanto más leas, más significados aprenderá tu hijo. ¡Los niños tienen que saber tantas cosas! Y muchas de ellas las aprenden naturalmente cuando escuchan lo que se les lee.

Tu hijo aprenderá a escuchar con atención. Esto es importante. Cuando vaya al colegio, tendrá que sentarse y estarse quieto durante algún tiempo. Tú puedes ir preparándolo para esto, si le lees en voz alta. Felicítalo después de que te haya escuchado un rato y dile: "¡Qué bien!, ¡qué atento has estado!"

Tu hijo irá desarrollando una escala de valores. La lectura en voz alta contribuye a que tu hijo vaya desarrollando buenos sentimientos y actitudes. Hazle preguntas que provoquen en él buenos sentimientos y que le vayan formando un carácter agradable.

"¿Era María una niña buena?"

"¿Te gustaría que Tomás fuera amigo tuyo?"

"¿Verdad que la mamá de Sara era simpática?"

"Estoy segura de que Elisa quiere mucho a Juan porque éste la ayudó a buscar su gatito perdido."

Estas preguntas y comentarios ayudan a tu hijo a formar buenos juicios y a desarrollar nobles sentimientos.

Tu hijo aprenderá de las ilustraciones. Aprenderá a observarlas y disfrutarlas. Su lenguaje mejorará, si le dejas hablar de lo que observa. De esta manera el niño ejercitará su capacidad para observar, pensar y hablar.

Ayudarás a tu hijo a pensar. Lo mismo que el cerebro de tu hijo se desarrolla más rápidamente durante los primeros años, la lectura en voz alta le enseñará a pensar. Esto es cierto, especialmente si le haces preguntas como las siguientes:

"¿Te parece que esto podría suceder, en realidad?"

"¿Qué crees que va a pasar ahora?"

"¿Puedes seguir el cuento?"

"¿Qué parte de la historia te gustó más?"

"¿De quiénes hablaba el cuento?"

Tu hijo se dará cuenta de que te preocupas por él. Sentirá tu cariño y así sabrá que, para recibir esta atención, hay que ser muy importante. Tu hijo necesita sentirse así. Esto es tan necesario para su salud emocional como el alimento lo es para su crecimiento físico.

Lee. Y, más adelante, lee más. Comienza pronto. Lee en voz alta a tu hijo, tan pronto como pueda fijar la vista en las láminas de un cuento.

¡Haz la lectura interesante! Cambia la voz, de acuerdo con los personajes de la historia. Hazle sentir que leer es hablar.

Cuando sea lo suficientemente mayor, déjale observar las láminas. Siéntate a su lado en la cama y léele un poco, antes de que se duerma.

¡Cuántas palabras!

Para que tenga éxito en el primer curso, tu hijo deberá pronunciar claramente unas 3.000 palabras. Algunos niños, de hecho, saben hasta 6.000, cuando llegan a primero. Afortunadamente, las madres y los padres son excelentes maestros; pero lo que es incluso mejor es la rapidez con que los niños aprenden palabras nuevas.

Durante el primer año, el niño dirá dos o tres palabras: "Ma-ma", "Pa-pa", "Ajo". Pero, cuando tenga dos años, dirá cerca de 270, o más. Es probable que el niño aprenda menos palabras durante la etapa en que comienza a andar; pero esto no dura mucho. Pronto empezará a adquirir 600 palabras al año, o más. Y, si le gusta ver la televisión, aprenderá, seguramente, muchas más.

Tu hijo entiende muchas más palabras de las que usa. Así, al cumplir los seis años, es posible que conozca de 20.000 a 40.000 palabras.

La ventaja de tener tanto vocabulario es que el trabajo del niño en el colegio será más efectivo. En realidad, parece que el lenguaje es la mejor ayuda para el niño que está aprendiendo a leer.

Este capítulo dice lo que tienes que hacer para que tu hijo adquiera más vocabulario.

La actitud que tengas hacia la lectura será importante porque tu hijo disfrutará de los libros y querrá leerlos, si tú lo animas diciéndole cosas como éstas:

"¡Qué libro tan interesante!"

"Me encantaría saber de qué trata este cuento."

"Me apetece muchísimo poder sentarme a leer este libro tan bonito."

"¿Es tuyo este libro? Vamos a ver las ilustraciones y enterarnos de qué trata."

Estos detalles son importantes. Si tu hijo goza oyéndote leer, seguramente será un buen lector en el colegio.

Deja que tus hijos mayores les lean a los pequeños

¡Qué bonito es ver a un hijo mayor leyéndole a su hermano pequeño!

Esto es beneficioso para ambos.

El mayor practicará la lectura y, a la vez, tendrá la oportunidad de lucirse. Anímalo para que lea. Cuanto más practique mejor lector será.

Hazle sentir que eso es una suerte para él y elógialo, por ser una ayuda para ti. Ambos hijos sacarán provecho de esta práctica.

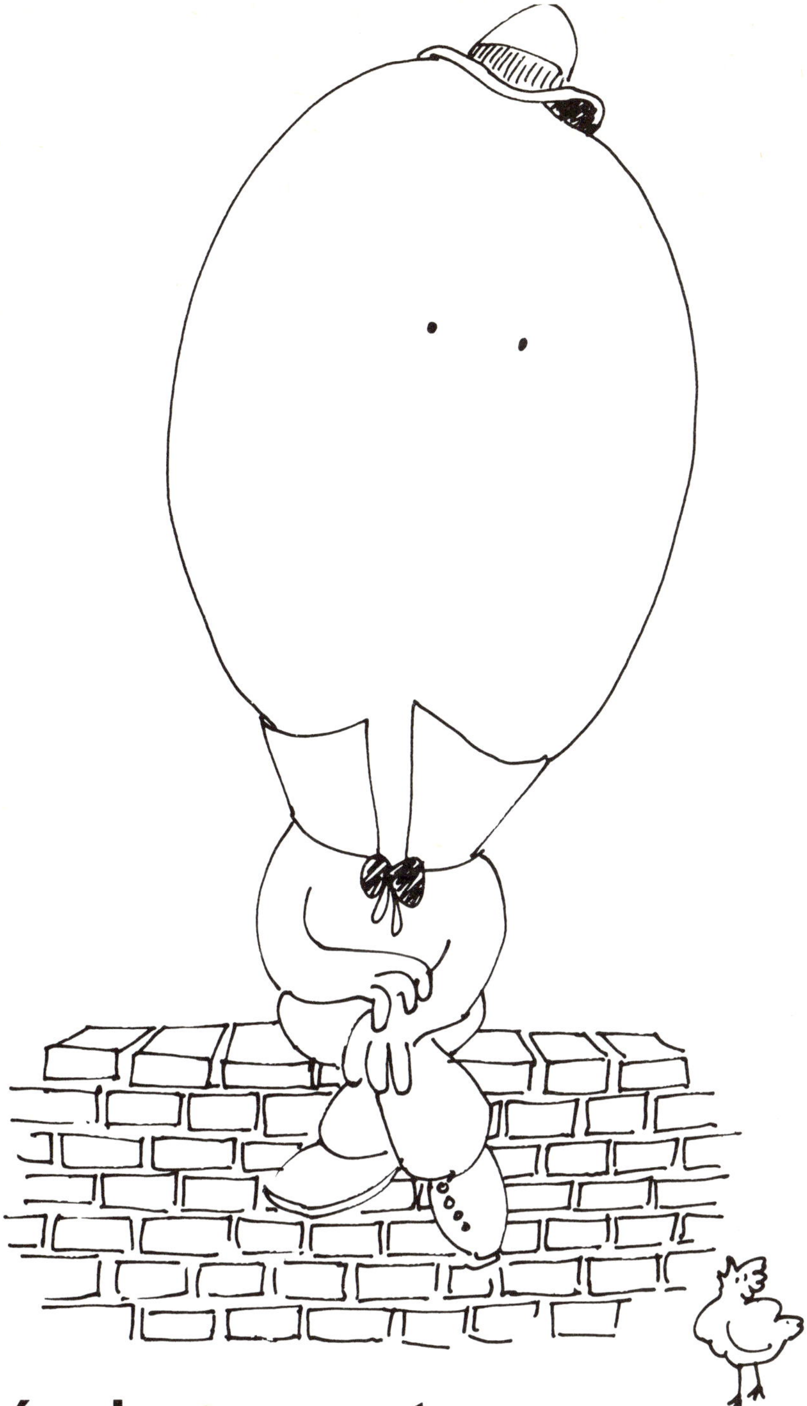

Llegó el momento de los poemas infantiles

¿Recuerdas algunos de los versos que aprendiste de pequeño? Recítale a tu hijo los versos que recuerdes. ¡Hazlo cuanto antes! Por lo menos,comienza cuando tu hijo haya cumplido nueve meses, o incluso antes.

Por medio de estos poemas,tu hijo irá aprendiendo sonidos y rimas. Esto le será útil cuando comience a leer en el colegio.

Lee con gracia. Haz que resulte divertido y deja que tu hijo recite contigo. Algunos versos podrían ser:

"Los pollitos dicen: pío, pío, pío, cuando tienen hambre, cuando tienen frío."

Hazle preguntas sobre los versos. Ayúdale a pensar.

Habla a tu hijo

Háblale. Háblale. Háblale.

Tu hijo aprende cientos de palabras oyéndote hablar.

Cuando estéis en un parque, háblale de cosas sencillas: hormigas que corren, mariposas que revolotean, abejas que zumban, hojas que caen, pájaros que trinan. Un parque está lleno de cosas para aprender.

Háblale al niño de ti, de la familia, de los amigos. Y háblale como a un adulto; *no utilices el lenguaje infantil.* Si tu hijo habla así, no lo imites. He aquí un ejemplo: "¿Pedo será la peta?", dirá el niño. "Sí, puedes cerrar la puerta." Este es un buen ejemplo del que tu hijo aprenderá.

No subestimes a tu hijo. Emplea las palabras apropiadas, aunque le parezcan difíciles; te sorprenderá lo fácilmente que tu hijo empezará a comprender su significado.

"Lee" las ilustraciones

Tu hijo aprende mucho observando dibujos o fotos. *Dale revistas y catálogos* y usa las láminas de los cuentos que le lees.

Permítele hablar de lo que ve y ayúdalo para que aprenda los nombres de las cosas. Háblale también de los colores.

Si en la lámina hay movimiento, anímalo para que te diga qué está pasando y hazle preguntas que lo obliguen a pensar. He aquí un ejemplo:

"¿Qué está pasando en este dibujo?"

"¿Crees que hace frío o calor? ¿Por qué?"

"¿Te gustaría que esos niños fueran amigos tuyos?" "¿Cuál de esos niños es el mayor? ¿Cuál es el más pequeño?" "Vamos a contar juntos. ¿Cuántas personas hay en la lámina?"

"Leer" en las láminas es una habilidad que se debe enseñar a los principiantes, antes de enseñarles a leer. Cuantos más dibujos "lea" tu hijo, más capacitado estará para aprender a leer.

Deja que tu hijo aprenda el lenguaje jugando

Es natural que a tu hijo le guste jugar. Jugar es muy importante porque a través del juego aprende palabras nuevas y adquiere conocimiento y comprensión.

Aprende jugando con juguetes, pero también aprende jugando con ollas, y cacerolas, cucharas, y palas, arena y agua, y cosas que no cuestan nada. El niño no sólo aprenderá cómo son las cosas y cómo se sienten al tacto, sino que desarrollará los músculos, tanto jugando en casa como fuera de casa. Aunque no lo creas, esos músculos ayudan al niño a leer.

Estimula a tu hijo para que juegue con otros niños, contigo y solo. Será divertido para tu hijo que hagas de comprador en su tienda o de médico, si te lleva a su bebé cuando diga que está enfermo. Cuando tu hijo juegue solo, haz que hable con su muñeca o con su osito.

Deja que tu hijo vea la televisión

Muchos buenos programas de televisión están hechos para niños de la edad del tuyo. Se hacen para que tu hijo se divierta aprendiendo.

¿Qué puede aprender tu niño de algunos programas?

El significado de muchas palabras. Recuerda: cuanto más entienda tu hijo, mejor lector será.

Aprenderá muchas cosas. Aprenderá los números, las letras, distintos objetos y cosas que puede hacer. Esta exposición del niño ante cosas nuevas, le ayudará a tener éxito en los primeros cursos del colegio.

Deja que el niño se observe a sí mismo, y al resto del mundo, desde otros puntos de vista.

Razones para que se guste a sí mismo. A medida que tu hijo vaya aprendiendo, estará más complacido de sí mismo, y, por tanto, llegará a gustarse más.

Verá la televisión y se dirá: "Yo sé hacer eso" o "Eso ya lo sé".

No debes obligar al niño a ver un programa porque creas que es educativo. Esto no será necesario si motivas al niño para que vea el programa haciéndole preguntas, hablando sobre los personajes cómicos que intervienen, o haciendo comentarios sobre lo divertido que ha sido el programa. Si tu hijo comprueba que te diviertes, él también se divertirá.

Enséñale a tu hijo los colores

El niño tendrá más éxito al llegar al colegio si reconoce los colores de antemano. Deja que tu hijo los aprenda naturalmente.

Dile el color de la camisa que lleva, de los calcetines, de los zapatos. Pregúntale de qué color son los alimentos, las casas, los rótulos de la carretera y los coches que pasan. Haz que combine los colores.

Mezcla varios pares de calcetines. Escoge uno y haz que tu hijo te dé el compañero.

Permítele combinar su ropa (pantalón y camisa, falda y blusa).

Aprovecha toda oportunidad para hablar de los colores. Esto ayudará a que tu hijo empiece en el colegio confiado.

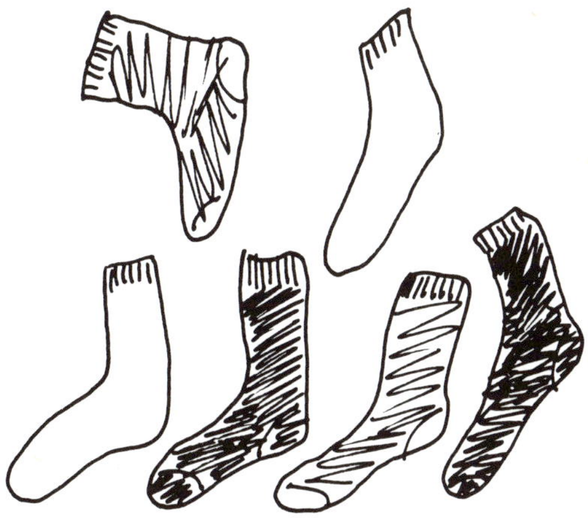

"Dime algo sobre el dibujo que has hecho"

Si un niño pinta o dibuja algo, un padre inteligente le dirá: "Dime algo sobre este dibujo." Esto hará que el niño hable, que se exprese.

Quizá pienses: "¿Qué podrá ser esto?", pero no te atrevas a preguntar. Puede que el niño haya dibujado un barco y creas que es un avión.

Alégrate y celebra cualquier garabato. Es posible que los músculos del niño no se hayan desarrollado del todo y puede que no sea capaz de pintar sin salirse de las líneas. Pero no importa, usa el dibujo para enriquecer su vocabulario y para lograr que el niño se sienta satisfecho por su trabajo.

Cuando tu hijo sea un poco mayor, te dirá: "Mamá, dibújame un cerdito." Dile: "A mí me gustan los que tú dibujas." "Yo no sé dibujar", dirá él. "Claro que sabes. A ver, dibuja uno", le responderás.

Acepta el dibujo hecho por tu hijo sin hacerle modificaciones.

A los niños pequeños no se les debe enseñar a dibujar. Ellos no deben sentir la necesidad de emular a los adultos.

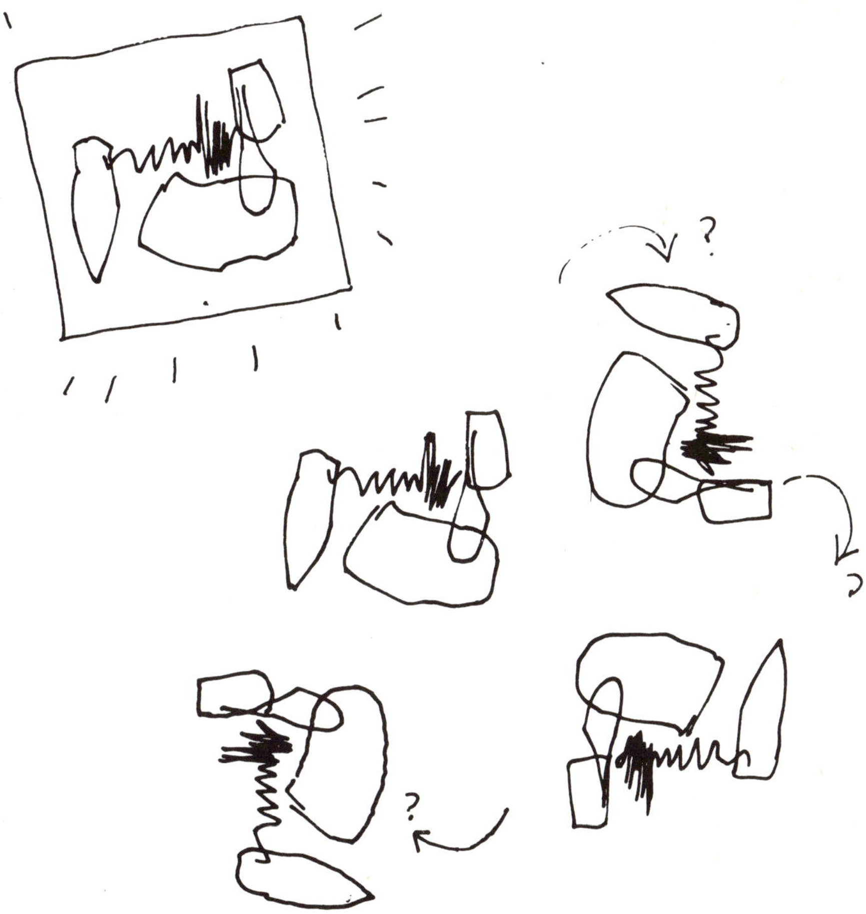

¡Sed un buen ejemplo!

Sí, padres, vuestros hijos aprenden de vosotros porque los niños aprenden imitando. Les gusta observar a los mayores y hacer lo mismo que ellos hacen.

Si oyen que vosotros decís: "gracias", "perdóname", "por favor", también lo dirán ellos.

Cuando aprendan el significado de estas palabras, los niños las usarán, siguiendo vuestro ejemplo y el de otros adultos, así como el de sus hermanos mayores.

Los niños irán adoptando buenos sentimientos, según lo que oigan y vean en vosotros. Dile a tu hijo: "¿Te parece bien hacer eso?" "¿Te gustaría que alguien te lo hiciera a ti?" "Tenemos que tratar bien al bebé y cuidarlo mucho. Es nuestro bebé."

Vosotros sois el ejemplo para el desarollo del lenguaje de vuestro hijo. Hablad siempre con oraciones completas. El niño debe oír frases largas. Veréis cómo disfruta conversando con vosotros.

Los niños desarrollan su capacidad para el lenguaje hablando y así aprenden a leer más fácilmente.

Juega con los dedos

Jugando con sus dedos tu hijo se divertirá aprendiendo el lenguaje.

Tú recordarás alguno de estos juegos que tu madre te enseñó de pequeño. He aquí un ejemplo:

"Este cerdito fue al mercado y compró un pollo.

Este llegó a casa y lo mató.

Este lo peló.

Este lo cocinó.

Este pícaro gordo se lo comió."

Haz este juego con los dedos de tu hijo y observa cómo se ríe.

Tus hijos mayores sabrán otros juegos que le podrán enseñar a su hermano pequeño:

"Cinco lobitos tiene la loba."

"Pato, pato, pato, pato, bum."

Anímale a preguntar

"¡No puedo soportarlo ni un minuto más!" "¡Una pregunta más, y grito!"

¿Has pensado o dicho esto alguna vez? La mayoría de nosotros lo hemos hecho.

Sin embargo, ¡es tanto lo que tiene que aprender tu hijo! Y preguntar es una forma de aprender. Alégrate cuando tu hijo te pregunta.
Eso demuestra que es listo y quiere saber. **Hay niños de tres años que han llegado a hacer 300 preguntas diarias.** Imagínate cuánto aprenderá un niño a quien se le conteste sólo alguna de esas preguntas.

"Ay, yo no sé por qué parpadean las estrellas. Deja de preguntar tantas tonterías."

¿Cómo se sentirá tu hijo? Muy mal. Si recibe un insulto de esta categoría, es muy posible que ya no preguntará más.

Seguramente tú no sabrás responder a todas las preguntas. Entonces dile: "Ésa es una buena pregunta y me alegra que eso te interese, pero yo no sé la respuesta."

Si tienes libros, o algún hijo mayor que pueda contestar esas preguntas, di: "Vamos a averiguarlo. Si no está en estos libros podemos decirle a Susana que pregunte en el colegio."

Seguramente tu hijo hará la misma pregunta una y otra vez. Te cansarás, sin duda. **Pero no olvides que tu hijo aprende lo que tú repites.** Recuerda esto y ¡evitarás que te suba la tensión!

Estimula a tu hijo para que se disfrace

Tu hijo comenzará a dar señales de su activa imaginación desde muy temprana edad. A todos los niños les gusta hacerse pasar por adultos. Estimula al tuyo para que lo haga también; así usa la imaginación y aprende. Le gustará hacerse pasar por el médico, el policía, el profesor, la mamá o el papá.

Dale a tu hijo un sombrero y una cartera viejos, o una cuchara y déjalo que **parezca** mayor. Hazlo hablar y aparentar. El niño aprenderá muchas palabras, cuando tú lo ayudes a jugar de esta manera.

Recuerda que también le gusta imitar.

Anímalo a que sea amable, considerado y educado. Todo esto lo aprenderá de los adultos.

Respeta a los amigos imaginarios de tu hijo

"Tú no puedes jugar con mi perro", oirás decir a tu hijo. Escucha, y te quedarás asombrado. No hay nadie alrededor y tu hijo no tiene perro.

Hay muchas razones por las que al niño le gusta creer que tiene un amigo imaginario. Éste le ayuda a expresar los sentimientos que guarda y también le sirve de compañía, ante la falta de otros niños con quienes jugar.

De esta práctica pueden resultar muchas cosas buenas. Cuando el niño habla con su amigo imaginario, desarrolla su lenguaje y esto siempre es mejor que estar solo. Superará esta etapa cuando adquiera amistades o haya miembros de la familia que jueguen con él.

No te preocupes si tu hijo habla solo. Es posible que te veas obligado a cooperar con él y a formar parte de su teatro.

Amplía las frases de tu hijo

"Veo coche", dirá tu hijo. "Sí, veo ese brillante coche, verde, con una capota negra, que corre velozmente por la carretera dejando atrás casas, edificios y parques."

¿Qué has hecho? Has usado la frase de tu hijo, compuesta de dos palabras, y la has convertido en una de veintidós palabras.

¿Entenderá el niño lo que has dicho? Claro que no. Pero comenzará a entender lo que dices, si se acostumbra a oír sus propias frases ampliadas por ti. Aprenderá más significados de los que puedas imaginarte.

Además, tu hijo se dará cuenta de que lo respetas, lo escuchas y te interesas por él.

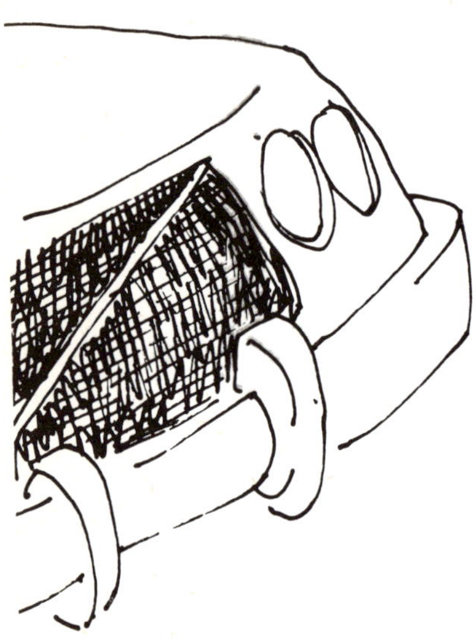

Aprovecha las palabras

Un paseo por la calle sirve de lección para tu hijo, si le haces preguntas sobre lo que veis.

Tendrás muchas cosas que hacer y el tiempo siempre te parecerá escaso, pero tu hijo necesita tener esas experiencias.

Organízate para tener un poco de tiempo e ir por ahí con tu niño, recordando que cada sitio nuevo es una gran experiencia para él: el mercado, la panadería, los grandes almacenes, la oficina de correos y el campo. Tu barrio ha de ser, sin duda, un lugar estupendo para aprender.

A continuación, exponemos algunas experiencias que ayudarán más adelante a que tu hijo aprenda a leer bien: hacer volar una cometa, observar a las abejas ir de flor en flor, ver revolotear las mariposas, observar a los pájaros, cuando hacen nidos, y recoger las hojas de los árboles.

Es muy difícil que un niño comprenda lo que lee si antes no ha tenido las experiencias que narran sus libros. **Haz que tu hijo participe de las actividades cotidianas de la familia.** Así, su cerebro se irá desarrollando saludablemente.

Utiliza la naturaleza

Los niños aprenden significados mirando y observando, pero también necesitan que nosotros les enseñemos muchas cosas.

"Mira qué bonitas son las hojas de esta planta. ¿Sabes de dónde ha salido? Pues sembramos una semillita que contenía una planta pequeña, le echamos agua y, de vez en cuando, la sacamos al sol. Pronto la planta pequeña comenzó a crecer hasta que se asomó fuera de la tierra y empezó a hacerse mayor. Y ya tiene una, dos, tres bonitas hojas verdes."

Cuando hablamos con los niños sobre las cosas que nos rodean, les enseñamos palabras que les serán muy útiles en el colegio. Así aprenden también a apreciar el valor de las cosas.

Tu hijo podría ser uno de esos niños que le llevan a su profesora un ramo de flores cogidas por el camino, o uno de los que se emocionan al oír por primera vez un ruiseñor. De esta manera tu hijo conocerá el mundo y sus maravillas.

Dale instrucciones sencillas

Enséñale significados dándole instrucciones sencillas.

Empieza por una como: "Ve a la puerta" o "Ponte la mano en la cabeza" o "Ve a la cocina".

Cuando comprenda una, enséñale otra. "Ve a la puerta y tócala" o "Ponte la mano en la cabeza y después en la nariz".

Después, añade hasta tres instrucciones: "Ve a la puerta, tócala y ven a sentarte conmigo."

No olvides elogiar a tu hijo, si éste te escucha y sigue tus instrucciones. El niño necesita sentirse importante.

Comienza por un mandato y llega a tres, pero convierte esta enseñanza en un pasatiempo divertido.

Te sorprenderás al ver cuántas palabras aprende tu hijo y con qué rapidez las aprende.

Que cante y escuche música

Cantando y oyendo música, tu hijo aprende palabras y significados.

Aprende siguiendo el compás de la música con palmadas y moviendo el cuerpo. Y así cultivará además el gusto por la música.

Entérate de los programas musicales para niños que ofrece la televisión y anima a tu hijo para que cante las canciones que aprende en el colegio. Habla con él de esas canciones y haz que crea que todo esto es importante para ti. **¡Y lo es!**

Así, el niño será feliz.

Deja que tu niño lo intente

Claro está que es más fácil que tu hagas las tareas domésticas sola, pero fíjate cuánto deja de aprender tu niño si no participa ayudándote.

Puede ser una cosa sencilla, como recoger los platos o barrer; pero tu hijo estará "ayudando a mamá" o "ayudando a papá". **Y se sentirá útil e importante.** Todos necesitamos sentirnos así.

El niño puede sujetar la bandeja, mientras colocas las galletas que has preparado. Seguramente tu hijo habrá estado observándote mientras preparabas la masa y la metías en el horno. **Además, le has ido explicando lo que estabas haciendo.**

Aprovecha tu trabajo para enseñarle a tu hijo palabras nuevas. Recuerda que él debe saber muchas palabras antes de ir a la escuela.

Pero, sobre todo, estas experiencias hacen que tu hijo se sienta un miembro importante de la casa, querido por todos.

Haz que tu hijo piense

¿Tiene tu hijo la oportunidad de pensar por su cuenta?

De la misma manera que los adultos necesitamos herramientas para trabajar, el niño necesita instrumentos para aprender a pensar. Cuando esté en el colegio la profesora dirá: "Ahora, pensad..." Si tu hijo ha puesto a funcionar sus herramientas anteriormente, podrá pensar cuando oiga estas instrucciones de la profesora.

¿Cuáles son estas herramientas? Una de las más importantes es el lenguaje. Las palabras que tu hijo haya aprendido le serán útiles para pensar. **El niño no puede pensar si no sabe palabras.**

Y, para pensar, debe haber acumulado muchas experiencias.

Si el cuento que está leyendo trata sobre un bloque de apartamentos, no podrá pensar en ellos si antes no los ha visto. Muchos niños pronuncian bien cuando leen, pero pronunciar no es leer. **Leer es pensar.** Ayuda a tu niño a pensar haciéndole buenas preguntas.

Enseña a tu hijo a comprender los números

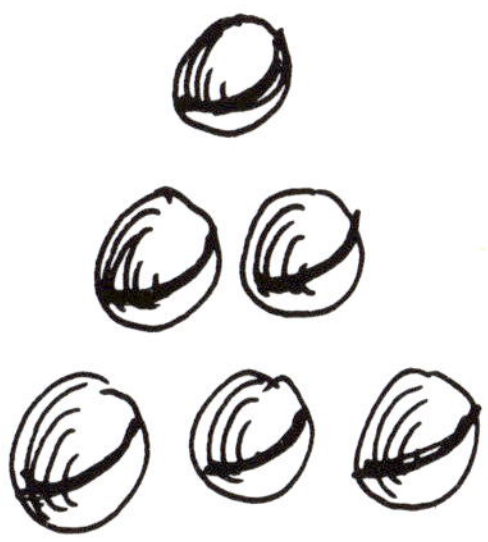

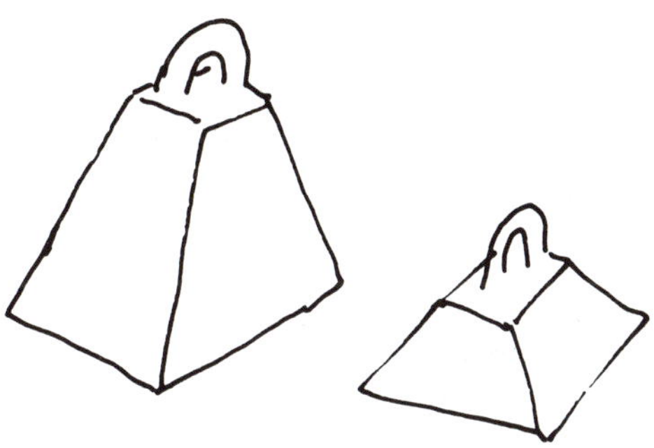

Una bola.
Una, dos, tres bolas.
Ayuda a que tu hijo comprenda el significado de los números.
Haz que cuente las personas que se sientan a la mesa, los platos, los vasos, las sillas; las camas que hay en la casa o los objetos que aparecen en un cuadro.
Pregúntale: "¿Cuántos hay?"
"¿Cuántos más nos hacen falta?"
Háblale de grande y pequeño, de ancho y estrecho, de largo y corto, de mucho y poco, de superficie y fondo, de pesado y ligero.

¿Debo enseñarle el abecedario?

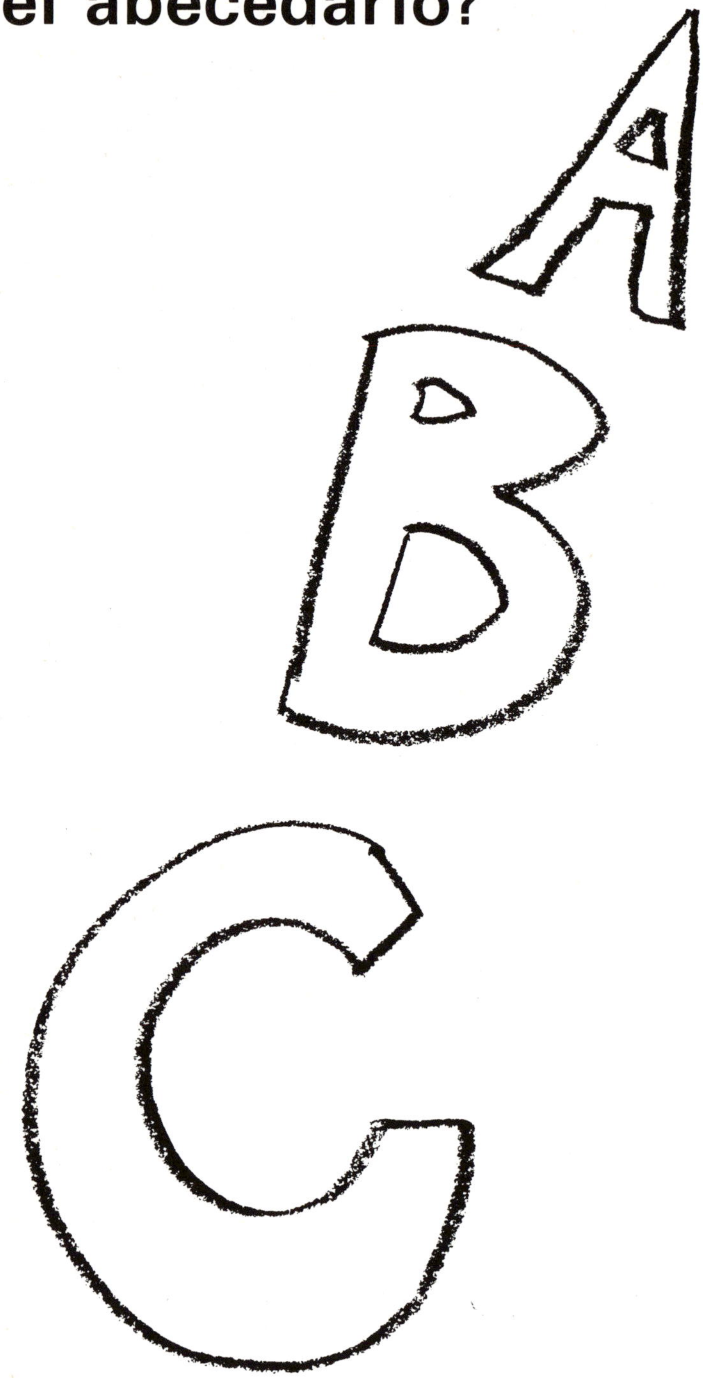

Muchos padres se preguntan esto, antes de que su hijo vaya al colegio. La respuesta es: "Sí", **si a tu hijo le interesa.** Si tu hijo te pregunta el nombre de una letra, díselo.

Pero no te esfuerces demasiado ni te preocupes por esta tarea. Hay cosas más importantes que tu hijo debe poder hacer como:

Hablar en oraciones completas.
Expresarse con claridad.
Saber el significado de muchas palabras.
Amar los libros.

No le hará daño aprender el abecedario. Podría serle útil, si haces que el aprendizaje sea divertido, ameno y sin presiones. (El programa de televisión *Barrio Sésamo* enseña el abecedario de un modo agradable.)

Todas las capacidades del niño se relacionan entre sí

Te engañas a ti mismo si crees que puedes enseñar a tu hijo lenguaje y significados sin tener en cuenta otras cosas. Cada niño es un todo. No podemos separar el lenguaje de la vida. Todo lo relacionado con tu hijo es importante: qué piensa de ti como padre, qué piensa de él mismo como persona, qué piensa de quienes lo rodean. Todo esto es parte de su crecimiento emocional y por eso es importante para su aprendizaje.

También hay que pensar en sus capacidades físicas. El niño que no oye bien o que ve mal, o camina con dificultad; el niño que no se alimenta adecuadamente o el que está cansado o enfermo, no puede desarrollar habilidades para el lenguaje con la misma facilidad que otros niños.

Tu hijo quiere crecer y tú quieres ayudarlo, pero no debes forzar su crecimiento. Una flor no crece en suelo seco y sin sol. Tu hijo es como una flor; **no puede desarrollar aptitudes para el lenguaje sin vuestra ayuda.**

Mientras sepas aprovechar las oportunidades que te ofrece la vida cotidiana, tu hijo se beneficiará y, cuando llegue al colegio, tendrá éxito al comenzar a leer.

Recuerda...

El niño comienza a leer y, de repente, se abre ante él un mundo nuevo y excitante.

Intenta que leer le resulte entretenido.

«Debe ser divertido compartir un libro con los demás.»

Si a tu hijo no le gusta el colegio, los profesores deben saberlo enseguida.

Ellos querrán que tu hijo tenga éxito y nosotros sabemos que tú también lo deseas.

Mis mejores deseos para el niño.

CAPÍTULO 5

LA IMPORTANCIA DE LOS BUENOS SENTIMIENTOS

Objetivo:
Ofrecer los cauces básicos para que tu hijo alcance un alto sentimiento de estimación propia y se sienta una persona capaz y digna de ser querida.

Contenido:
1. La génesis del autoconcepto.
2. El autoconcepto general, corporal y social.
3. Efectos de una consideración positiva de sí mismo.
4. Efectos de una consideración negativa de sí mismo: sentimientos de culpabilidad, apatía, agresividad...

Observaciones:
— La inteligencia es determinante para un adecuado aprendizaje. De igual manera, los sentimientos del niño afectan a su capacidad de aprendizaje.
— No interesa si el niño acierta o no en las creencias sobre sí mismo, sino sus propias creencias. El interés del padre se centrará, primordialmente, en cómo se siente su hijo, no en si ese sentimiento se corresponde con la realidad.
— El concepto de sí mismo es *algo que se aprende* a través de la propia experiencia y de las reacciones de los demás (padres, hermanos, compañeros...).
— Si tu hijo *se siente incapaz* de realizar una tarea, difícilmente comenzará a hacerla. Motivación y autoconcepto están íntimamente vinculados.

Ten un hogar feliz

Nada contribuye más a que el niño se sienta satisfecho de sí mismo que un hogar y un colegio felices.

Los padres y los profesores influyen notablemente en el desarrollo de este sentimiento.

Los niños necesitan sentir que tienen un hogar y un colegio en los que tienen cierta libertad, pero en los que hay ciertas normas de convivencia.

Y necesitan tomar parte en la formulación de estas normas. Al hacerlo, las respetarán más y tratarán de regirse por ellas.

Si el niño sabe que se le va a tratar justamente y con respeto, se sentirá mejor y más cómodo.

"Puedo hacerlo"

Si los primeros años del niño han sido buenos, será difícil fracasar en los primeros cursos de colegio.

Tu hijo necesita sentir que puede hacer algo. Si tiene este sentimiento o creencia en sí mismo, estará más predispuesto a aprender.

Será un golpe para el niño, si comienza los primeros cursos del colegio con el sentimiento de que no sabe muchas cosas.

Cuando comienza a leer y a escribir, necesita tener la sensación de que es alguien importante.

Los niños tienen que estar preparados para aprender ciertas habilidades; pero no todos los niños están listos para aprender a los seis años, por ejemplo. Todos los niños son diferentes y no aprenden al mismo ritmo. Si se les fuerza o sienten que el hogar o el colegio está contra ellos, tendrán problemas en el aprendizaje.

Así que debes establecer metas realistas para tu hijo. Dale la oportunidad de desarrollarse sin que se sienta presionado y sin compararlo con otros. Si lo haces así, tendrá un buen concepto de sí mismo.

Ayuda al niño a desarrollar este sentimiento, estimulándolo cuando piense que no puede hacer algo.

Posiblemente, tendrás que decirle: "Claro que puedes. Ven, te ayudaré."

Muestra interés por lo que el niño hace

"¿Ves esto?"

Cuando el niño dice esto, ¿qué haces?

Por favor, no digas "¿No sabes dibujar mejor?"

No digas "Pero las vacas no son de color violeta."

Y no digas "¿Será posible?, ¡colorear un calcetín de rojo y el otro de verde!"

Podrás ayudar a que el niño mejore sus sentimientos, si lo haces sentirse orgulloso de sus logros. Y, ciertamente, está lo suficientemente orgulloso de ello como para enseñarte ese dibujo.

Mejor, en esos casos. "Sí, está muy bien. ¿Te gustaría colgarlo en tu cuarto? ¿Podría enseñárselo antes a la abuela?"

Elogia

Una palmadita en el hombro.

Una sonrisa.

Una palabra alentadora y estimulante, de vez en cuando.

Puedes ayudar a desarrollar buenos sentimientos en el niño cuando lo elogias, pero es importante que el elogio sea merecido. Si lo elogias por cualquier detallito, sabrá que no eres sincera.

Esto hará que no intente hacer nada.

Es mejor elogiar lo que han hecho, que elogiarlos a ellos:

"¡Vaya, qué bonito está tu cuarto!"

"Te agradezco muchísimo que me ayudes con el bebé."

"María, me ha gustado la atención que prestabas cuando la señora López estaba hablando."

Haz de los cumpleaños un gran acontecimiento

El niño necesita sentirse satisfecho de sí mismo, para aprender.

Haz de los cumpleaños algo especial. No lleva mucho tiempo preparar un bizcocho sencillo, ni mucho dinero un regalo sencillo.

Los libros son buenos regalos, especialmente si le hace sentir al niño que los libros son muy interesantes.

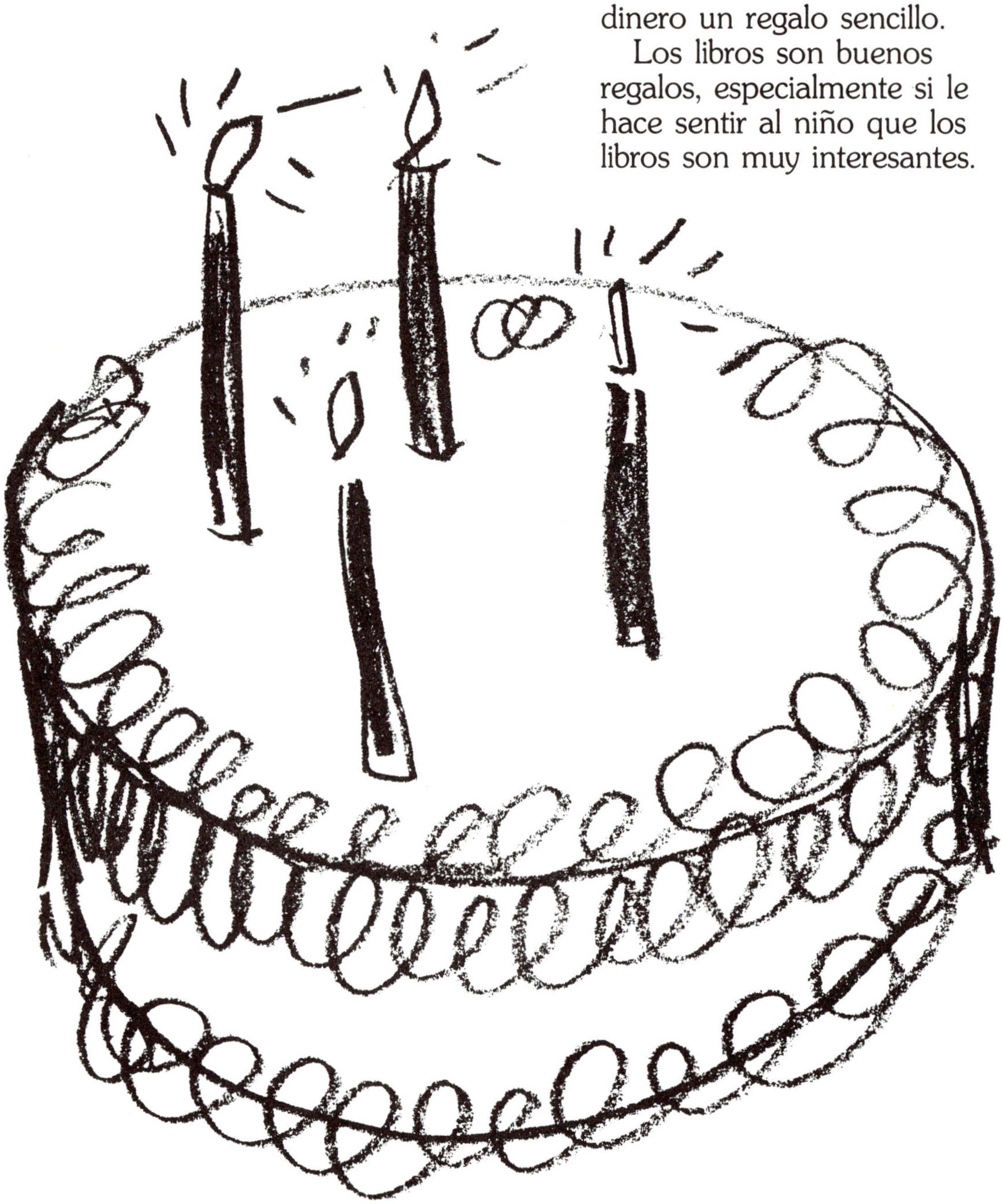

"Puedo hacerlo yo mismo"

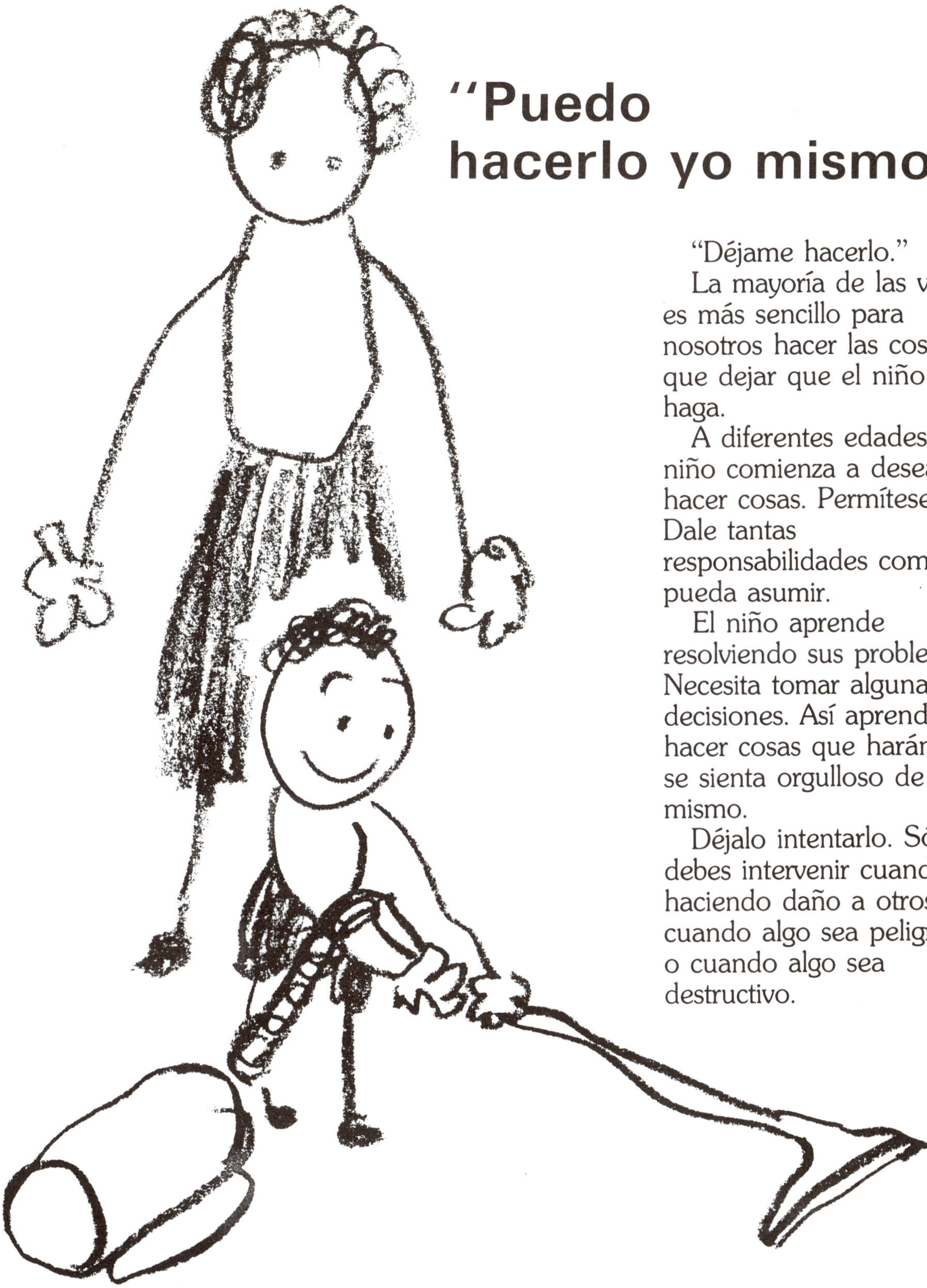

"Déjame hacerlo."

La mayoría de las veces, es más sencillo para nosotros hacer las cosas que dejar que el niño las haga.

A diferentes edades, el niño comienza a desear hacer cosas. Permíteselo. Dale tantas responsabilidades como él pueda asumir.

El niño aprende resolviendo sus problemas. Necesita tomar algunas decisiones. Así aprende a hacer cosas que harán que se sienta orgulloso de sí mismo.

Déjalo intentarlo. Sólo debes intervenir cuando esté haciendo daño a otros, cuando algo sea peligroso, o cuando algo sea destructivo.

"No puedo hacerlo"

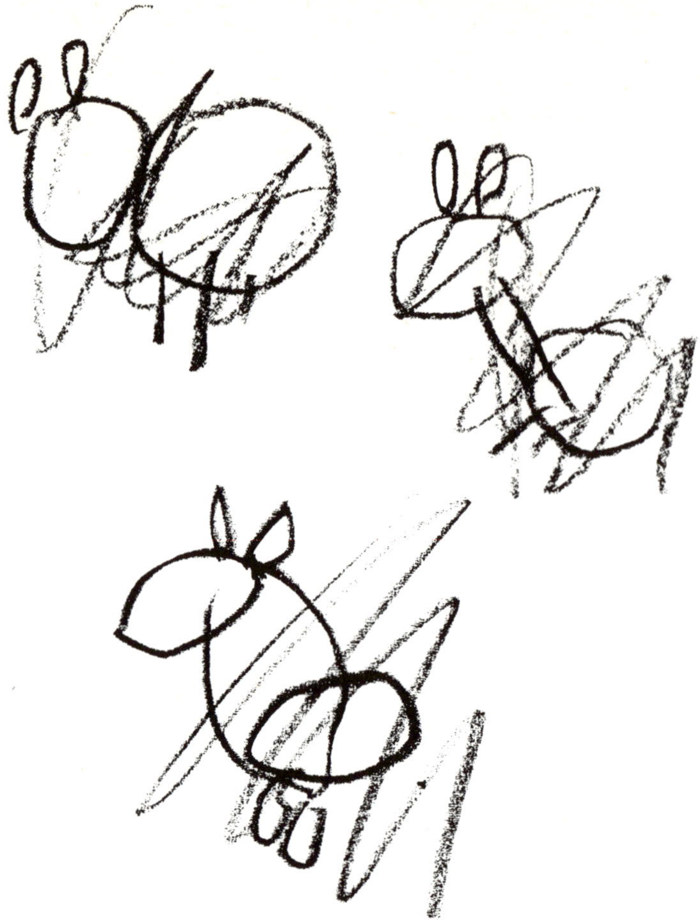

"No sé dibujar un caballo. Dibújame uno."

¿Ha dicho alguna vez tu hijo cosas como éstas? Si lo ha hecho, es una señal bastante clara de que no se siente competente.

En esos casos, puedes decirle: "Claro que puedes. Hazlo como tú crees que es. Dibújalo de la forma que te guste."

Luego, deja que lo haga, sin decirle: "Así no se hace."

Si le haces los dibujos, puede pensar que tiene que hacerlo tan bien como tú. Pero existe la posibilidad de que sus ojos no estén lo suficientemente preparados para ver las cosas como tú las ves.

Es sólo un garabato, para ti, pero, si es suyo, él puede sentir cierto orgullo, aunque a ti te parezca mal. Esto lo ayudará a sentirse satisfecho de sí mismo. Y sentirá que *puede* hacer las cosas.

Mira al niño a los ojos

Desde luego que es imposible pararse cada dos o tres minutos a escuchar lo que el niño quiere decir.

Sin embargo, un padre sabe que escuchar puede ser algo muy importante para lograr que el niño sienta que vale la pena.

El niño sabrá que te preocupas cuando te tomas el tiempo suficiente como para mirarlo a los ojos, mientras oyes lo que tiene que decirte.

Esta buena voluntad de escucharlo puede ayudar al niño a sentirse más satisfecho de sí mismo. "Mereces la pena." "Eres importante." "Cuento contigo."

"¿Soy mejor que...?"

"Mamá, ¿soy mejor que Ana?"

Algunas veces, los niños hacen estas preguntas.

El hábito de preguntar "¿Soy mejor que...?" debe ser observado con cautela. A cada niño se le debe considerar por lo que es y lo que puede hacer, sin compararlo con nadie.

Probablemente deberías contestar tales preguntas diciendo: "Pues estoy segura de que, en algunas cosas, eres mejor que Ana. Y Ana debe de ser mejor que tú, en otras. Sé que no puedo coser tan bien como su mamá, pero sé conducir el coche muy bien."

Enseña al niño a ser útil

Quizá el niño sea demasiado pequeño para hacer algunas cosas, pero se le puede enseñar a recoger su ropa y los juguetes.

Destina uno de los cajones de abajo del armario para las cosas del niño. Enséñalo a buscar sus cosas: "Ve a buscar tus calcetines rojos, para que te hagan juego con el jersey."

Se espera que los niños mayores ayuden en las faenas domésticas: hacer las camas, limpiar, doblar ropa.

Todo es buen entrenamiento.

Si el niño se siente útil en la familia, habrá mayores posibilidades de que se sienta satisfecho de sí mismo.

Inténtalo y verás.

Enseña al niño a sentir agrado por los demás

Las personas son diferentes. Pueden ser pelirrojas y tener pecas, o la tez oscura, o las piernas demasiado largas para su tamaño. Pueden ser gordas o delgadas, altas o bajas.

Enseña al niño, con tu ejemplo, a aceptar y respetar las diferencias de las personas.

Si aprende pronto esto, estará aprendiendo también a valorarse y a creer en sí mismo.

Es muy fácil decir esto, cuando perdemos la paciencia.

Pero, al hacerlo, los niños creen que los consideramos *incapaces* de aprender.

Creen que pensamos que no son muy inteligentes. Y eso les duele.

Entonces ceden en su empeño y dejan de intentarlo.

Ten paciencia. Cuenta hasta 10... o hasta 100, si es necesario. El niño saldrá beneficiado.

"¿No puedes aprender nada?"

"No puedo ser perfecto"

No podemos esperar que los niños sean como adultos.

Para que se sientan confiados y seguros, se debe permitir, en ocasiones, que las cosas no marchen como nosotros queremos.

También ayuda el que admitamos los errores que cometemos. Ellos necesitan saber que nosotros tampoco somos perfectos.

"Lo siento. No debí haberte gritado. Me he sentido mal durante todo el día."

El éxito engendra éxito

Cuando los niños tienen éxito —y ya os hemos explicado la forma de ayudarlos a tenerlo— empiezan a confiar en sus capacidades. Y, mientras más cosas creen que pueden hacer, por lo general, más cosas pueden hacer.

Tenemos que enseñarles que pueden hacer algunas cosas bien y que pueden tener problemas con otras. Esperamos que hagan todas las cosas lo mejor que les sea posible.

"Estoy satisfecho de mí mismo"

En verdad eres un padre con suerte, si tu hijo puede decir: "Estoy satisfecho de mí mismo."

Si tu hijo verdaderamente se siente así, tendrá una tendencia mayor a encontrar fácil el aprendizaje en el colegio.

Queremos que el niño piense:

"Puedo hacer cosas."

"Soy importante."

"Puedo aprender."

Tú puedes desempeñar un papel muy importante en estos sentimientos, elogiándolo cuando intenta hacer algo; felicitándolo cuando hace algo bien; poniéndolo a hacer cosas adecuadas a su edad; haciéndole sentir que es una persona importante, por derecho propio; y ayudándolo a saber que su familia lo quiere y lo respeta.

Experiencias

"¡Yo he visto eso!" "¡Yo he hecho esto!" El niño se siente contento porque ha logrado reconocer algo que ha visto u oído.

El niño puede captar el significado de las palabras porque ha tenido esas experiencias previamente. Experiencias, haciendo y viendo cosas; experiencias, visitando distintos lugares —lugares de su propio barrio—; experiencias, conociendo nuevas personas y sintiéndose cómodo con ellas. Todas ellas contribuyen a su aprendizaje.

Cuanto más ve, oye y hace, más conocerá. Cuanto más conoce, más contento está y más fácilmente aprende. Cuanto más aprende, más capaz es de aprender, mejor consideración tiene de sí mismo. ¡Y así sucesivamente...!

"Estúpido"

Sin pensarlo, muchos padres han dicho esto con el tono de voz, con sus gestos o con la mirada. Cualquier cosa que haga al niño sentirse malo; cualquier cosa que haga al niño sentirse bobo; cualquier cosa que haga al niño sentirse como un "Don Nadie", le hará tener una mala opinión de sí mismo.

Cuando tiene una mala opinión de sí mismo, actuará de tal forma que lo demuestre. Ésta es la causa de muchos problemas en el aprendizaje y en el comportamiento del niño. El niño actúa así porque siente que es lo que se espera de él.

"¡Todo el mundo cree que soy malo. Así que es mejor que lo sea!" "¡Ella cree que soy estúpido! ¡Es verdad que no puedo aprender!" Los padres debemos enseñar a los hijos mayores a no insultar a los menores. Los padres también deben tener cuidado con su lenguaje y evitar todas las palaras que "empequeñecen" al niño. Palabras como: *bobo, vago, sucio, malo, tonto, odioso, llorón* o *chismoso* provocan pena, y esto llega a tener malas consecuencias para el niño.

Sentimientos de culpabilidad

Si a tu hijo se le inculcan sentimientos de culpabilidad, se sentirá disgustado. Si le hacemos sentirse culpable, por un error que haya cometido, el niño no se sentirá bien consigo mismo.

Enseñamos que algunas cosas están "bien hechas" y que otras cosas están "mal hechas". Si recalcamos los sentimientos de culpabilidad, le resultará al niño mucho más difícil aceptarse a sí mismo.

¡No malinterpretes esto! Naturalmente, no podemos permitir que el niño crea que puede hacer "cosas malas". Necesita corrección o consejo. Posiblemente, también necesita castigo.

Pero una larga serie de "deberías estar avergonzado" le hará sentirse malo, que no merece ser querido. Cualquier cosa que le afecte la personalidad, en forma negativa, una y otra vez, causará malos sentimientos.

Como padres, permitimos errores. Es la forma humana de actuar. La corrección de esos errores es lo importante.

"Estoy aprendiendo..."

Es necesario para los niños sentir que están aprendiendo. "¡Mira! ¡Lo puedo hacer!" "¡Puedo armar un rompecabezas!" "¡Me gusta oír cuentos!" A tu hijo le es necesario sentirse orgulloso, importante y "grande".

Los niños son diferentes unos de otros, tanto interna como externamente. Lo que pueden hacer dependerá de la edad y del nivel de desarrollo. Cuando es el momento oportuno, el éxito es inmediato; o puede haber un fracaso seguido de un éxito. Demasiados fracasos mantendrán al niño sintiéndose "pequeño" y sentirse "pequeño" es malo para su propia estimación. Comienza con cosas sencillas. Cuando las haya aprendido, asígnale tareas más difíciles. Dale aliento a tu hijo a cada paso. Usa lo que tu hijo sabe como base para la próxima etapa de desarrollo.

¡Los padres deben hacer esto sin "empujar"! Demasiada coacción puede ser dañina. ¡Un buen padre hará que el niño se sienta "grande"!

"¡Soy fuerte!"

"¡Puedo saltar con un solo pie!" "¡Puedo clavar un clavo!" "¡Puedo correr con rapidez y subir una escalera!"

El niño tiene su sentido de realización y se siente orgulloso de su desarrollo físico. La capacidad motora es importante. Los niños necesitan desarrollar este aspecto de su crecimiento.

Los padres pueden proporcionarle ayuda con muy poco esfuerzo. Se puede encontrar muchos objetos en la casa o, gratis, en el mercado. Cazuelas viejas, bolsas de papel, esponjas, botellas de plástico, cartón, rollos, etc. Todas estas cosas se pueden usar para ayudar al niño a fabricar, manipular e imaginar cosas.

El padre puede convertir una cubierta vieja en un columpio o puede proporcionarle una tabla para hacer un balancín. Cajas o barriles, para usar como túneles o una pelota, para hacerla botar.

El niño puede desarrollar los músculos pequeños cortando con tijeras despuntadas (romas). Puede modelar con masillas, hacer rompecabezas, colorear, recoger objetos pequeños y colocarlos en distintos recipientes. Todo esto es bueno para su desarrollo muscular.

Cuando tu hijo vea que es fuerte, se sentirá importante. ¡Vosotros, padres, tenéis que ayudarle.

"Les gusto a los otros"

¡A los tres años, el niño siente que es realmente ALGUIEN! Empieza a disfrutar del juego con otros niños. Anteriormente, prefería jugar solo. Cuando comience a interesarse por jugar con otros, tal vez tenga necesidad de ayuda para hacer amigos.

¡La mayoría de los niños pequeños no quieren compartir las cosas y riñen y se pegan! Los padres deben intervenir de forma firme y cariñosa.

"Juan quiere jugar con el camión ahora." "Tu turno para columpiarte es después de María." "Pedro te dejará los tacos cuando termine de hacer su edificio." Díselo como si no cupiera duda. Te preguntarás si éste método da resultado, pero está comprobado que el niño aprende a compartir con la ayuda de los padres.

"¿No te has divertido mucho jugando con Susana?"

"Me ha gustado mucho la manera en que hoy habéis jugado juntos."

"¡Sois tan buenos amigos!"

Háblale a tu niño de sus amigos, le ayudarás a conocerlos mejor. Cuando esté en los primeros cursos, tendrá menos problemas si siente la aceptación de algunos de sus compañeros. Este aspecto tomará más importancia según va creciendo tu niño. Invita a otros niños a jugar en tu casa. Proporciónale a tu hijo la oportunidad de aumentar sus amistades.

Cómo medir los sentimientos de tu niño

Las respuestas de tu hijo
te dirán cómo se siente.

(MARCA **SI** O **NO**)

SI **NO** Puedo hacer muchas cosas.

SI **NO** Creo que estoy mejorando.

SI **NO** Mis padres me quieren.

SI **NO** Me caen bien mis compañeros de colegio. (Si tengo más de tres años.)

SI **NO** Les caigo bien a mis compañeros de curso.

SI **NO** Soy fuerte.

SI **NO** Me gusta intentar hacer cosas.

SI **NO** Me ayudan a corregir mis errores.

SI **NO** Sé que no puedo hacerlo todo bien.

SI **NO** Sé muchas cosas.

SI **NO** Puedo aprender.

SI **NO** Mis padres me escuchan.

SI **NO** Nadie me exige demasiado.

SI **NO** No fracaso a menudo.

SI **NO** Me gusta tener nuevas experiencias y hacer nuevas amistades.

SI **NO** Raramente hay personas que hacen que me sienta avergonzado.

SI **NO** Frecuentemente, hago las cosas a mi manera.

SI **NO** Puedo dar mi opinión con frecuencia.

SI **NO** Soy un buen ayudante.

SI **NO** Creo que estoy mejorando.

Si la respuesta a la mayoría de las preguntas es «SI», tu hijo se siente orgulloso de sí mismo. Estos sentimientos son importantes.

Enseña a tu hijo con tu ejemplo

Tu hijo no es mejor que otros. Pero tampoco es menos importante. Como persona, tiene la misma dignidad que los demás. Enséñale que su dignidad no depende de:

el color de su piel;

la calidad de la ropa que usa;

el dinero que su familia tiene;

el trabajo de sus padres;

el tipo de casa en la que vive.

Si, como persona, tú opinas de esta manera, tu hijo compartirá esa opinión. Recuerda que se enseña con el ejemplo. Este es el secreto de un buen comienzo en la vida. Le enseñarás a tu hijo a hacer frente a la vida. El orgullo, cuando no es excesivo, es necesario para la propia estimación.

CAPÍTULO 6

PALABRAS QUE SE GANAN A LOS NIÑOS

Objetivo:
Emplear un lenguaje positivo que genere tendencias de aproximación y no de alejamiento entre padres e hijos.

Contenido:
1. Mensajes habituales en tono negativo.
2. Propuestas de mensajes positivos.

Observaciones:
— Practica el uso de las palabras del sector «di...». Te sentirás más a gusto. Tu hijo responderá mejor.
— Las palabras hablan: dicen más de lo que creemos que dicen. Hacen a los niños felices o infelices.
— Las palabras que utilizas pueden ser un buen indicio de tu estilo educativo. Piensa por un momento sobre las frases que más frecuentemente se oyen en tu casa.

No digas...

"Eres malo."

Esto es destructivo.
Muchas veces el niño se portará mal si nosotros creemos que así lo hará.

Di...

"¡Qué buen niño (o niña)!"

Si nosotros creemos esto, el niño, por lo general, responderá positivamente a nuestras expectativas.

No digas...

"¡Nunca puedo confiar en ti, nunca!»

Si tu hijo sabe que piensas así, nunca podrás confiar en él.

Di...

"Me gustaría que me ayudaras. La mayoría de las veces lo haces muy bien."

Esto le resulta estimulante.

No digas...

Una voz alta y desagradable sólo sirve para aumentar la tensión y la incomodidad en el hogar.

Di...

"Tranquilo, José." "Más bajo, María."
"¿Crees que no te oigo?"

A menudo, cuando el niño necesita que se le corrija, sólo necesitará una pregunta alusiva que le sirva de recordatorio.

No digas...

"¿No te da vergüenza?"

El sentimiento de culpabilidad no es bueno.

Di...

«Estoy disgustada.
Espero que te portes bien.
Si vuelve a suceder esto
tendré que castigarte.”

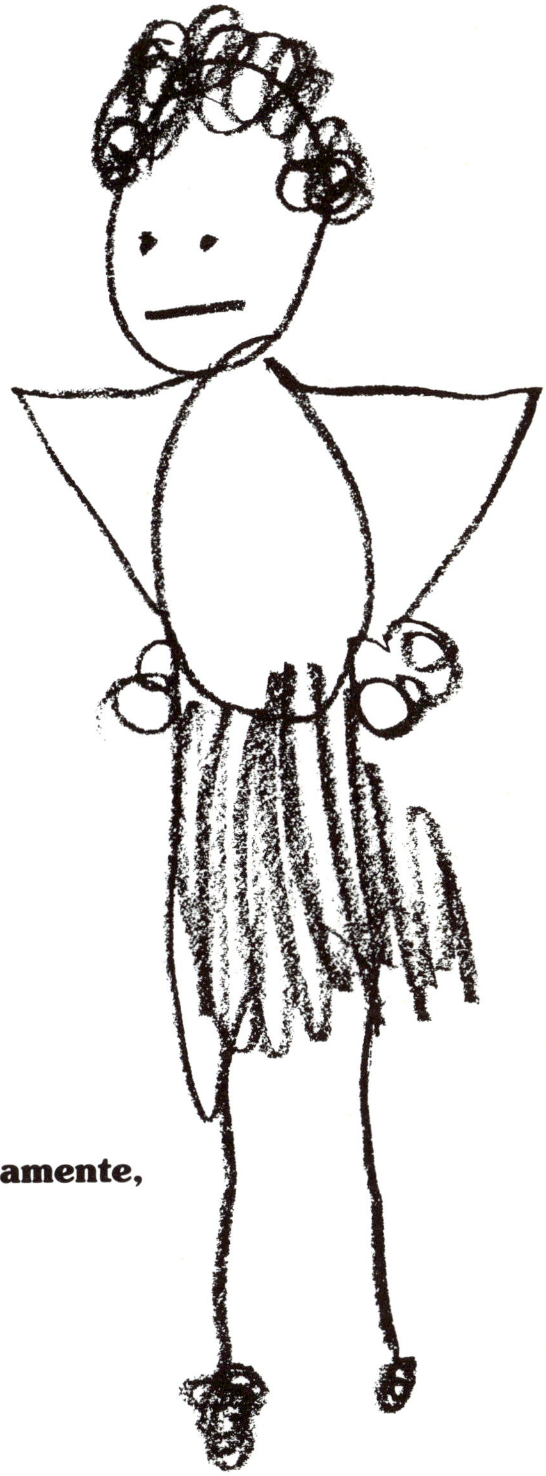

Habla tranquila y sosegadamente, aunque le estés regañando.

No digas...

"¡Escúchame! He dicho:
'Pórtate bien',
y no lo digo en broma.
Se lo diré a tu padre
cuando venga."

Esto crea un ambiente familiar poco feliz.

Di...

"¿Puedes controlarte?"
"¿Estás ayudando?"

Es posible que sólo con hacer la pregunta lo motives para que actúe bien.

No digas...

“No te quiero cuando te portas mal.”

El niño necesita sentirse querido, aunque tú no apruebes su comportamiento.

Di...

"Te quiero, pero no me gusta lo que has hecho."

Sé amable, pero firme.

No digas...

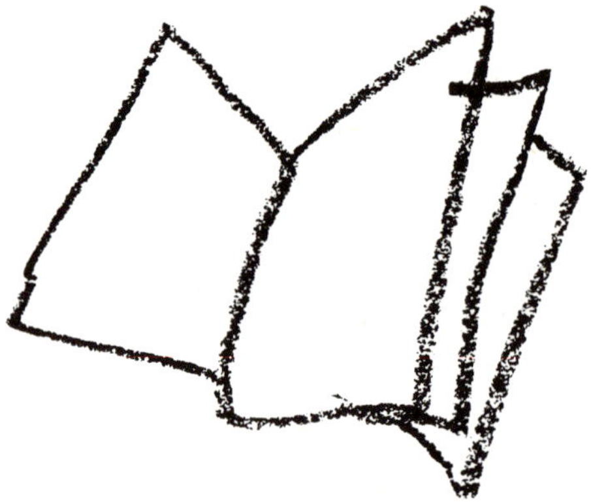

"Te lo he repetido una y otra vez y todavía no lo sabes."

Esto hace que el niño piense que no es capaz de aprender.

Di...

"Esto no es fácil de aprender. Volveremos a estudiarlo en otra ocasión. Yo te ayudaré."

Se necesita paciencia.
El aprendizaje puede ser lento.
Necesita mucha repetición.

No digas...

"¡Te voy a dar un par de azotes. Es la tercera vez que te digo que te estés quieta."

Una amenaza que no se cumple no es la solución.

Di...

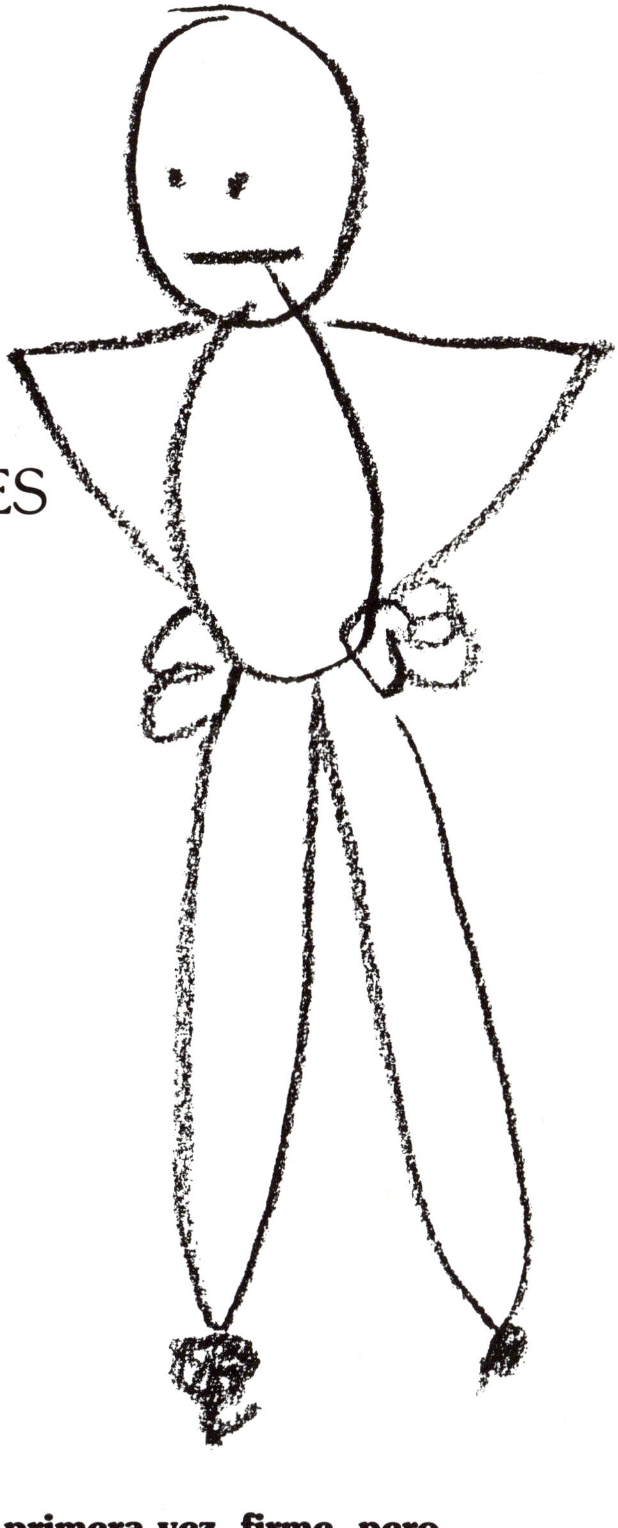

"Lo siento, NO PUEDES hacer eso porque..."

Ordénale, la primera vez, firme, pero amablemente. Explícale el porqué; luego, castígalo, si es necesario.

No digas...

"¿Cómo es posible que no puedas aprender? ¡El rojo es el ÚNICO color que reconoces!"

Frases de este tipo destruyen los sentimientos de éxito.

Di...

"Me alegro de que hayas aprendido a reconocer el rojo. ¡Qué inteligente eres!"

Al niño le agrada recibir un elogio merecido.

No digas...

"¡Lo digo en serio! ¡Reparte los caramelos con ella!"

Obligar al niño a hacer algo sin explicar el porqué, sólo crea enfado y rebeldía.

Di...

"A María también le gustan los caramelos. ¿Por qué no le das alguno?"

Habla como si tuvieras la certeza de que el niño lo va a hacer sin que lo obliguen. Observa si esto funciona.

No digas...

"¿Me estás prestando atención? ¡He dicho que me escuches!"

Si usamos un tono de voz alto y amenazante, los niños prestarán oídos sordos. No nos atenderán y no les importará lo que decimos.

Di...

"¡Caramba, qué buen oído tienes!"

Aprobación, alabanza, elogio.

No digas...

"¡Eres un LLORÓN!
Sabes bien que no te has hecho daño."

¡Claro que puede habérselo hecho! ¿Por qué no creerle?

Di...

"Ven, cariño."

o

"Ya verás cómo se te pasa pronto."

Por lo general, el niño dejará de llorar enseguida si no se ha hecho mucho daño.

No digas...

"¡MIRA ESO!
¡TE HE DICHO QUE LO RECOGIERAS!"

Desde luego que lo recogerá, pero de mala gana.

Di...

"Los cubos están en el suelo. Recógelos.
Ven, voy a ayudarte."
"¡Gracias por ayudarme!"

Esta actitud es mejor. El niño actuará con agrado. Las actitudes son importantes.

No digas...

"¡No creo que puedas hacerlo. Eres demasiado torpe!"

Esto destruye en el niño el deseo de intentar hacerlo.

Di...

"¡Haz un esfuerzo. Creo que puedes hacerlo!"

Más tarde...

"¡Sabía que podrías lograrlo!"

Si ellos "creen que pueden", por lo general, lo logran, si es algo razonable y adaptado a su capacidad.

No digas...

"¡Lávate esa cara!"
"¡Arréglate esa falda!"
"¡Deja de chuparte el dedo!"

Las regañinas continuas destruyen las buenas intenciones del niño.

Di...

"¡Qué bien vas a estar cuando te hayas lavado!"

El niño necesita incentivo, elogio, para desear hacer algo que tú le mandes.

No digas...

"Estoy harta de ti."

Claro que lo estás, pero regañarlo no es la solución.

Di...

"Sabes que es una buena cosa que yo te quiera tanto."
"¡Sabes que te lo has merecido!"
"¡Ya verás cómo así aprendes!"

Cuando has perdido la paciencia, las regañinas continuas empeoran la situación. Si la falta merece un castigo, llévalo a la práctica en forma amable, pero firme.

CAPÍTULO 7

NO REGAÑES INÚTILMENTE

Objetivo:
Facilitar unos criterios de actuación cuando surgen problemas de disciplina en el hogar y cuando ciertos comportamientos de los hijos resultan extraños.

Contenido:
1. Necesidad de la disciplina en el hogar.
2. Origen de las conductas problemáticas.
3. Casos específicos: el niño travieso, el solitario, el tímido, el nervioso, etcétera.

Observaciones:
— Ten en cuenta que la disciplina tiene poco que ver con un alto volumen de la voz.
— Toda conducta tiene una causa, ¡y muchas veces nosotros somos el motivo!
— Evita las reacciones viscerales inmediatas. Apenas servirían para desahogarte un poco.
— Interpreta las conductas problemáticas como señales que tu hijo te envía. ¿Qué te querrá decir?

Regañina tras regañina.

"¿Necesita disciplina mi hijo?", se preguntan los padres.

Sí. Pero la tensión y las regañinas no son precisamente disciplina.

Hay varias maneras de controlar la mala conducta. La mayoría de los educadores están de acuerdo en que los niños necesitan disciplina. Los niños se sienten inseguros cuando no hay control sobre ellos.

La virtud está en el punto medio. Es decir, lo mejor es que haya un equilibrio entre ser demasiado exigente con el niño y demasiado débil. Los niños son capaces de desarrollar sentimientos de odio, resentimiento y rebeldía; por eso necesitan que alguien les controle esos impulsos. El niño necesita aprender a controlarse.

Para formar la buena conducta de tu hijo, cumple con los siguientes principios:

1. **Sé constante** con lo que le enseñes al niño respecto a su comportamiento.
2. Haz que entienda el por qué de los **límites** que se le han impuesto.
3. **Elogia** al niño cuando se lo merezca.
4. No regañes inútilmente. Sé **amable**, pero **firme**.
5. **Sé cariñoso** con tu hijo, pero enséñale que el amor no significa dejarle hacer lo que le plazca.

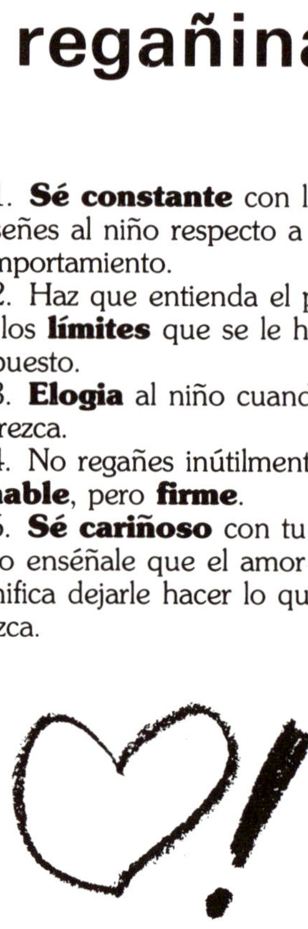

¿Poco o demasiado?

Tanto la falta como el exceso de disciplina en el hogar pueden ser la causa de los problemas que tu hijo tenga en el colegio.

No hay dos niños iguales. Y tú no eres igual que el resto de los padres. Pero hay cosas que funcionan igual con la mayoría de los niños. Haz la prueba con las siguientes:

1. La disciplina impuesta **con amabilidad** corregirá a tu hijo, porque la manera en que la impongas es muy importante. Las palabras fuertes dichas con excesivo enfado pueden crear amargura en su carácter. No obstante, la firmeza puede inspirar amor y respeto.
2. Sírvele de buen ejemplo. El niño aprende de lo que observa. Sé natural.
3. Tu hijo (sin importar la edad que tenga) querrá saber qué **puede hacer** y qué **no puede hacer.** Explícale el porqué de las cosas.
4. Cuando corrijas al niño, dile: "Eres bueno, pero no debes hacer eso." No le digas: "Eres malo. No hagas eso."
5. Ayuda a tu hijo a que se desarrolle. Hazle ver que estás orgulloso de él y que lo quieres mucho.

Algunos días, "sí"; otros días, "no"

"Yo no sé qué puedo hacer. Algunos días mi mamá dice que sí, y, otros, me dice que no."

Esto le da inseguridad al niño. Tú tienes autoridad para *concederle* o *negarle* algo. ¿Usas esa autoridad de la *misma manera todos los días?* ¿Dejas que tu hijo se salga con la suya, cuando tú estás contento y las cosas marchan bien? ¿Hay otros días en que todo está prohibido?

Esto es un problema para los niños. A veces, los padres dejan hacer ciertas cosas y, otras veces, no. Los niños no saben qué esperar ni cómo comportarse. Los psicólogos han hecho pruebas con ratas. Si éstas encuentran alimento, unos días, metiéndose por ciertos compartimientos y, otros días, no lo encuentran, las ratas se desconciertan y actúan de manera extraña.

Los psicólogos opinan que a los niños les pasa lo mismo *cuando no somos constantes*. Cuando nos falta la constancia, no ofrecemos a los niños la oportunidad de aprender a comportarse debidamente.

Enséñale buenos modales

Los niños no están bien educados, por naturaleza. Aprenden buenos modales de vosotros, los padres, y de sus profesores.

Antes que con nada, aprenden con el ejemplo. Si hablamos educadamente, ellos nos imitarán. Si cuando nos enfadamos nos callamos, por no decir una palabra desagradable, ellos aprenderán a hacer lo mismo.

El niño que tiene buenos modales hace amigos con más facilidad. Y si tu hijo tiene amigos será más feliz y se sentirá aceptado y querido.

Enséñale estas frases:

"Perdón", "Por favor", "Gracias", "De nada", "Muy bien", "Me alegro mucho", "Lo siento", "Me gusta".

Los niños sólo emplearán estas frases si vosotros se las enseñáis.

"Mamá, ¡no puedo controlarme!"

Todos nos enfadamos en algunas ocasiones, y esto es algo muy normal. Los niños tienen dificultad para controlar sus enfados y, a veces, les dan rabietas.

¿Qué hacer? Prueba. Es mejor callarse y observar. Si el niño consigue lo que se le antoja, sabrá que puede "manejar" a sus padres.

Los padres deben saber cuándo los niños tienen sueño, o están cansados. Recordemos que también hay otros padres que actúan de la misma manera que nosotros. Esto nos ayudará.

Una vez pasada la rabieta, es conveniente decir: "Sé cómo te sientes. A veces, yo también quiero hacer o tener lo que no puedo. Pero debes aprender a **controlarte**." (Usa esta palabra; pronto el niño aprenderá su significado.)

La mano cariñosa

Tu mano, cuando es cariñosa, le ofrece al niño seguridad y confianza. Debe servir para abrazarlo con afecto y para acariciarlo.

Los niños desean ser queridos y las caricias son una muestra de cariño que necesitan. HAZ QUE TU MANO SEA ÚTIL Y CARIÑOSA.

(Esto no significa que, de vez en cuando, no los castiguemos.)

Di el porqué

Explícale al niño por qué puede o no puede hacer algo. Esto le ayudará a tener buenos sentimientos.

Cuando impongamos límites, podemos decir lo siguiente:

"No. Lo siento mucho, pero eso no se hace."

"No puedo permitir que le hagas daño a Pedro."

"Te quiero mucho, pero no me gusta lo que estás haciendo."

Para sentirse seguros, los niños deben saber que no pueden hacer lo que se les antoje y por qué no pueden hacerlo.

"No puedes jugar en la calle: allí no hay seguridad para ti."

"No puedes hacerle daño al bebé: es muy pequeño."

"No ensucies la mesa. Yo tendría que limpiarla otra vez."

"No corras por el salón. Puedes romper la lámpara."

Acepta los sentimientos de tu hijo

"Mamá, me he dado un golpe." Y empieza a llorar.

Y dices: "Ya, ya pasó. No tienes nada."

¿Qué pasa entonces, por lo general? El niño empieza a gritar más fuerte y más fuerte diciendo: "Sí, mamá, ¡me he dado un golpe y me duele!"

Prueba otra cosa. Acepta el hecho de que el niño, en realidad, se ha hecho daño (aunque sepas que no es nada), y evitarás más alboroto. Entonces, la conversación será así: "Mamá, me he dado un golpe" (y el niño comienza a llorar).

"Lo sé, cariño. Sé que eso duele mucho. Enséñamelo." (El niño deja de llorar.)

"Mamá, ponme algo aquí."

"Bien. Lo lavaremos con agua." O, "yo te daré un besito en el golpe y ya no te dolerá más."

En este caso, se pasa todo en seguida porque el niño ha recibido la atención que buscaba. Así no tendrás que escuchar más lloros y todos estaréis contentos. Esto funciona de maravilla.

Recuerda, tu hijo, a veces, **se pone mimoso. Acéptalo así** sin discutir con él o ponerlo en ridículo. Las mejores frases de consuelo son:

"Ya sé que eso duele..."

"Claro que estás enfadado, pero..."

"Sé que no quieres que me vaya..."

Prueba este método y tendrás menos dificultades en el hogar. Además, tu hijo será feliz.

Di "yo", en lugar de "tú"

Esta fórmula es muy eficaz.

No le digas: "No has recogido tu cuarto", sino "Yo estoy triste porque tu cuarto está muy desordenado."

O, "Tú sabes bien que eso no se hace", sino "A mí me da mucha pena, cuando haces eso tan feo."

O, "Hoy estás insoportable", sino "Me preocupo mucho, cuando te pones a llorar así."

Cuando quieras corregir la conducta del niño, trata de hablar de ti y no de él. La idea es que **el problema debe parecer tuyo, no del niño**. (Esta idea es del doctor Thomas Gordon y aparece en su libro *Padres eficaz y técnicamente preparados.*)

Las palabras dicen cosas

"Bobo, ¿cómo es posible que no aprendas?"

A veces, las palabras nos salen sin querer. Pero las palabras dicen cosas.

A veces, la palabra es alentadora y consuela. Otras veces, es dura y cruel. Los niños creen en la palabra. Lo que les decimos los ayuda a pensar, a ver, a creer. Los niños se convierten en aquello en lo que creen.

Ciertamente, todos tenemos días malos. Nos duele la cabeza o hemos discutido con nuestro esposo; andamos mal de dinero o estamos llenos de deudas. Y nos desquitamos con los niños.

¡Qué triste realidad!

Los padres deben actuar de la siguiente manera: "Lo siento. Estoy arrepentido. Me va mal y me he enfadado contigo; te ruego que me perdones."

Puede que no estés de acuerdo con el consejo, pero pruébalo. Lo menos que podemos hacer es admitir nuestros errores y pedir perdón. De esta manera podemos esperar (y, a la larga, lo conseguimos) que nuestros hijos se comporten de la misma manera.

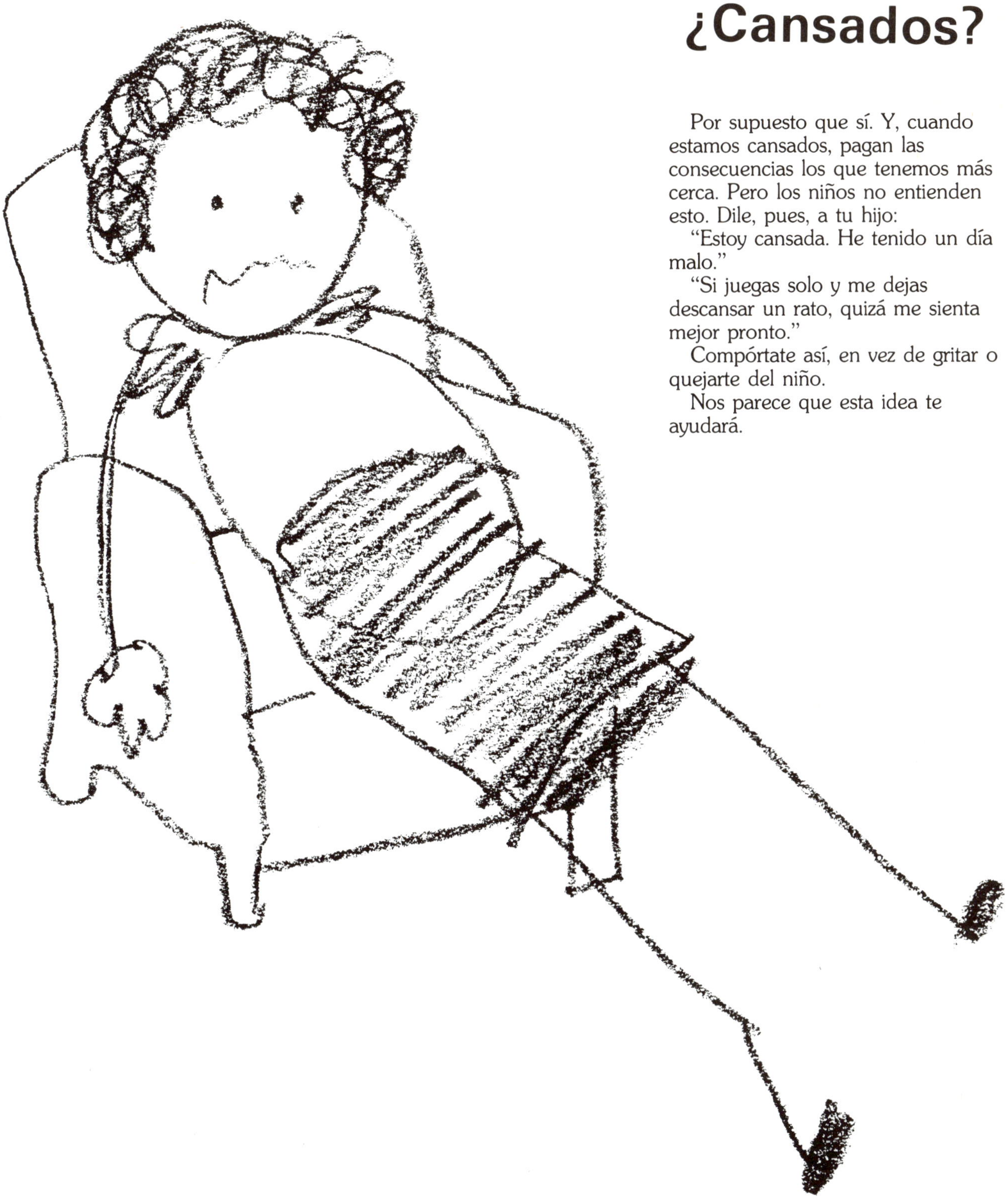

¿Cansados?

Por supuesto que sí. Y, cuando estamos cansados, pagan las consecuencias los que tenemos más cerca. Pero los niños no entienden esto. Dile, pues, a tu hijo:

"Estoy cansada. He tenido un día malo."

"Si juegas solo y me dejas descansar un rato, quizá me sienta mejor pronto."

Compórtate así, en vez de gritar o quejarte del niño.

Nos parece que esta idea te ayudará.

"No puedo permitir que le hagas daño a María"

El niño tiene que aprender a llevarse bien con todos y a respetar los sentimientos y las opiniones de los demás.

Necesita la ayuda de sus padres para comprender que no debe hacer daño a nadie.

"No, no podemos hacerle daño a María." Ésta es una aseveración firme, pero educada.

Tu hijo se sentirá seguro si comprueba que sus acciones tienen límites.

Si tu hijo continúa mordiendo, dando patadas, pellizcando o tirando del pelo a otros niños, quizá está tratando de demostrar que tiene un problema. Aunque no puede expresártelo con palabras, ese comportamiento indica que está celoso o confundido y que no puede actuar amablemente.

Escuchad esto, padres: El niño habla también con su modo de comportarse.

Pero, mientras lo ayudas a resolver su problema, evita que el niño haga daño a otros. Probablemente, sólo tendrás que decirle: "No permitiré que hagas eso, porque le haces daño." Si tu hijo tira algún objeto, quítaselo.

"¡No seas un crío!"

"No seas como un bebé. Tú sabes que no le tienes miedo a eso."

Sin embargo, es posible que verdaderamente tenga miedo. Y avergonzarlo no dará resultado.

A los niños les dan miedo muchas cosas: los ruidos fuertes, los camiones, los truenos, la aspiradora... Tienen miedo de los objetos grandes y de las personas con defectos físicos o impedidas, si nunca han tenido la oportunidad de relacionarse con ellas.

Les tienen miedo a los animales (especialmente a los perros). También les asustan los policías, la oscuridad, el médico y el dentista.

Temen a lo desconocido: mudarse a una casa nueva, separarse de la madre para dormir o ver que el padre se marcha.

Los padres debemos saber que estos temores son normales; tenemos que consolar al niño inmediatamente y permitirle expresar sus temores.

Permite que tu hijo exprese su miedo.

"Sé que tienes miedo, pero estoy aquí contigo y no dejaré que te pase nada."

Antes de llevarlo al médico o al dentista, prepara al niño para esa visita. Si van a ponerle una inyección, no le digas que no duele porque no es verdad. Dile: "Te dolerá un poco, pero se te pasará enseguida."

Cuando te despidas de tu hijo, asegúrale que regresarás tan pronto como puedas. De esta manera, el niño aprenderá a combatir sus temores sin peligro de que sufra emocionalmente.

Él debe saber que sus padres lo quieren y que en su hogar y en el colegio está seguro.

"¡Ya no te quiero!"

Nunca le debes decir esto a tu hijo.

Los padres siempre quieren al hijo, a pesar de que éste se porte mal.

Lo mejor es que el niño sepa que siempre se le quiere, pero que, en algunas ocasiones, su comportamiento nos disgusta.

De esta manera, el niño se sentirá seguro y necesitado. Mejorará, según vaya creciendo, y podrá hacer mejor trabajo en el colegio.

Sí, siempre queremos a nuestros hijos. Les pasaremos algún error que otro, pero siempre seremos firmes y constantes en lo que se refiere a corregir su mal comportamiento.

"¡Deja eso, niño!"

A veces, los niños pequeños se tratan de "niño" o "niña" en lugar de llamarse por sus nombres de pila.

Estimula a tu hijo para que llame a sus amigos por los nombres verdaderos. Por ejemplo: "Sara, si quieres que Tomás te deje tranquila dile: Por favor, Tomás, no me molestes, y ya verás cómo deja de fastidiarte."

"Si se lo pides amablemente y le dices *Tomás,* en vez de, oye, niño, es casi seguro que dejará de molestarte. Haz la prueba."

Este modo de hablar les encanta a los niños pequeños porque piensan que es como una conversación de adultos. Los niños aprenden a ser amables y educados si sus padres los enseñan. Pero necesitan práctica y buen ejemplo.

"¡Ya me has oído!"

¿Alguna vez has dicho esto?

Casi todos lo decimos, cuando perdemos la paciencia.

A veces, los niños no escuchan o no nos atienden, y entonces les gritamos.

Hay que parar inmediatamente la mala conducta, pero hay muchas formas de hacerlo, sin tener que recurrir a los gritos. Por ejemplo:

"Ven, Juan. Juega con tu coche de carreras."

"Susana, ven. Ayúdame a doblar la ropa."

"Estás cansada, Carmen. Siéntate conmigo, que voy a leerte un cuento."

"Los niños mayores no lloran"

Pero los niños de todas las edades lloran. Y es muy natural. Por eso no debemos avergonzarlos cuando los veamos llorar.

Es mejor ser comprensivo y decir algo como:

"Sí, cariño, ya sé que eso duele."

"Si me pasara lo mismo que a ti, también lloraría."

Tenemos que darnos cuenta de que, muchas veces, los niños lloran porque las cosas no les salen bien o porque quieren llamar la atención. Cuando veamos que ése es el motivo, dejémoslo llorar un poco. Después, lo podemos distraer de esta manera:

"Mira qué libro tan bonito." O "¿Quieres ayudarme un poco con esto?"

Pronto el niño se olvidará de lo que lo disgustaba.

El niño travieso

Generalmente, el niño travieso lo es porque necesita atención. Cuando veamos que éste es el motivo de su mal comportamiento, debemos tratar de encontrar sus buenas cualidades y elogiarlo por ellas.

A veces, un cumplido o un mimo le dará la atención que buscaba. Poco a poco, esto puede ir eliminando su mala conducta.

Todo comportamiento tiene una causa. Cuando el niño se porta mal, frecuentemente es como si pensara: "Necesito que alguien se fije en mí."

Esto no significa que no debamos poner límites a sus actuaciones. Pero, si comprendemos la causa de la mala conducta, podremos evitar que ésta continúe.

El niño solitario

Algunos niños tienen dificultades para hacer amigos. Generalmente, son niños que crecerán infelices, a no ser que se les ayude.

¿Qué podemos hacer, mientras nuestros hijos son pequeños, para que hagan amigos con facilidad? He aquí algunos consejos:

1. Dile que sea amable y cariñoso con los otros niños.
2. Invita a otros niños a jugar con él.
3. Enséñale a hablar cariñosamente a los demás.
4. Anímalo para que comparta sus juguetes.
5. Enséñale que, para conseguir amigos, primero hay que saber ser un buen amigo.
6. Enséñale a tu hijo a hablar con educación.

Los niños que tienen amigos tienen menos dificultades en el colegio. **Los primeros cinco años** son el período más propicio para formar en el niño un carácter amistoso y abierto. **Aprovecha esos cinco años para lograrlo.**

El niño malhumorado

Hay días en los que el niño tiene mal humor. Les pasa a todos los niños cuando tienen sueño, están cansados o se sienten un poco enfermos.

"Bueno, ¿qué es lo que te pasa hoy? Estás insoportable!" Ésta no es la forma de ayudar a tu hijo.

Los padres deben comprender la situación y demostrárselo al niño: "Sé que hoy estás de mal humor. A mí también me pasa eso, a veces."

El niño se sentirá seguro y se le pasará el mal genio, cuando te compadezcas de él y comprendas las razones de su enfado.

Otra manera de distraerlo, para que olvide su mal genio (si es que no está demasiado irascible), es decirle que te ayude en alguna tarea de la casa.

Leerle o contarle un cuento es, a veces, una medicina maravillosa.

El niño con hábitos o tics nerviosos

Si tu hijo se chupa el dedo, se come las uñas o se hace ricitos en el pelo, demuestra que está nervioso.

Chuparse el dedo es muy común en los bebés. Hoy en día, se cree que esta práctica no tiene por qué estropear la forma de la boca, a no ser que el niño continúe con el hábito después de haberle salido los dientes permanentes.

Pero, si tu hijo sigue chupándose el dedo, comiéndose las uñas o tirándose del pelo, una vez que ha entrado en el colegio, seguramente estará bajo alguna tensión emocional, y tendrá motivos para hacerlo.

No lo arreglarás con atarle las manos o regañarlo por eso.

Está claro que el niño se intenta consolar a sí mismo de esa manera.

¿Qué se puede hacer al respecto?

No lo regañes ni lo amenaces.

Se necesita paciencia y comprensión para ayudarlo a vencer sus hábitos.

Toma en consideración los siguientes métodos:

1. Quizá el niño necesite amigos.
2. Busca la manera de que la vida le satisfaga.
3. Averiga si está celoso de otro hermano (esto es difícil de averiguar).
4. Quizá necesite la oportunidad de valerse por sí mismo en ciertos aspectos.
5. Examínate para ver si lo tratas muy duramente o le exiges demasiado.

Habla con sus profesores para encontrar la causa de la mala costumbre de tu hijo. Invéntate una contraseña para que le puedas llamar la atención sobre ella delante de otras personas sin que éstas lo noten. (Es posible que hasta se divierta con este secreto.)

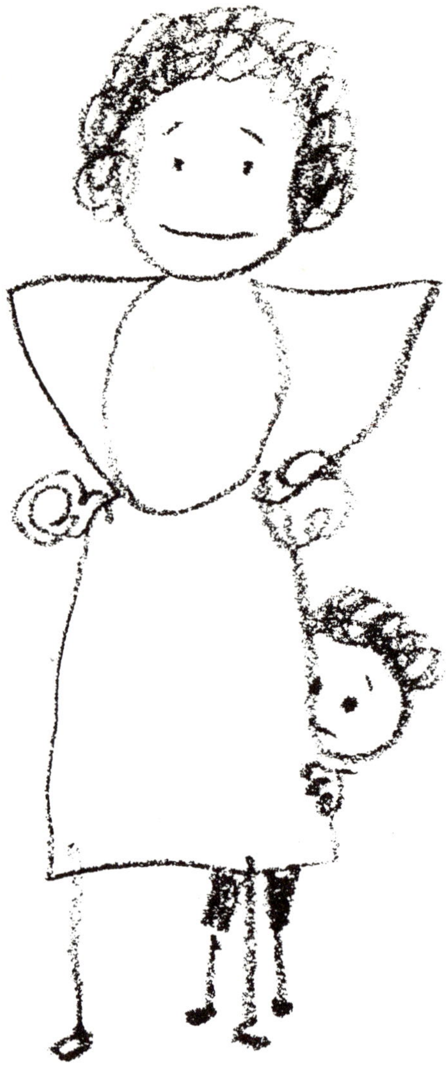

El niño tímido

Quizá te preocupas si tu hijo se tapa la cabeza con tu falda, cuando llega algún extraño a casa, o si quieres que diga algo y el niño rehúsa hablar, o si se esconde detrás de ti, cuando hay visita, o si no quiere la compañía de otros niños.

Algunos actos de timidez son normales en el desarrollo del niño. Pero otros indican causas más serias, que necesitan ayuda.

Afronta el problema inmediatamente cuando tu niño dé indicios de timidez. Ayúdalo a tener amigos, invitando a otros niños a jugar con él.

Evita encontrarle defectos y criticarlo constantemente. Enséñale a valerse por sí mismo y felicítalo por sus logros. Ve a la raíz del problema, antes de que pueda convertirse en algo serio.

El niño demasiado dependiente

"¡Mamá! ¡Mamá!"

¿Quiere tu hijo estar a tu lado constantemente? ¿Se siente inseguro cuando estás ausente? ¿Llora cuando te vas?

Si hace alguna de estas cosas, tu hijo tiene miedo o está ansioso. Quizá necesite que le consientas más. Dale oportunidad de jugar con otros niños. Esto le dará seguridad.

Cuando te vayas, asegúrale que regresarás y que, si te necesita, estarás cerca.

Haz lo posible por ofrecerle un hogar feliz.

Tu hijo necesita independizarse de ti. Y, a veces, tú debes independizarte de él para lograr que el niño no sea demasiado dependiente.

La tartamudez

"María, te he dicho que me respondas. No te quedes ahí diciendo: "Yo... yo...yo." ¡Date prisa! Empieza otra vez. Tú sabes hablar, pero no quieres hacerlo bien."

Esta madre está aumentando el problema de su hija. Muchos niños tartamudean entre los dos y los cinco años. Es mejor pasar por alto esta dificultad y no llamarles la atención.

Hay niños que empiezan a tartamudear cuando entran en el colegio porque esto es un paso serio para ellos.

Generalmente, la tartamudez es indicio de que el niño está bajo una gran tensión nerviosa.

Si ha padecido algún trastorno emocional grave, ésta es la causa. En algunas ocasiones, la tartamudez está motivada por el deseo que tenemos de que el niño abandone algún mal hábito, como chuparse el dedo o comerse las uñas.

También causa tartamudez forzar a un niño zurdo a que use la mano derecha. A los dos años, los niños usan ambas manos indistintamente. Permítele al tuyo decidir qué mano usar.

Si tu hijo tartamudea, alíviale sus tensiones y pide ayuda a su profesor, o, si es necesario, a un médico foniatra.

No esperes que tu hijo sea un santo

No puede serlo. Naturalmente, el niño hará cosas que te molesten.

Pero los niños deben ser niños y no adultos pequeños. A veces, hay que comprender que los niños hagan travesuras. Cuando tienen sueño o están cansados, excitados o enfermos, tienen más probabilidades de hacer travesuras.

Si comprendemos que esa actitud es normal, podremos aceptarlos y comprenderlos, cuando tengan problemas.

Muchas veces es mejor hacer la vista gorda y no dar importancia a pequeños detalles.

¡Nadie es perfecto!

CAPÍTULO 8

CÓMO SON LAS COSAS

Objetivo:
Que el niño conozca las partes más relevantes de su cuerpo y los conceptos elementales sobre formas y colores, así como los números y el alfabeto.

Contenido:
1. Percepción del propio cuerpo.
2. Ejercicios imaginativos con colores y figuras.
3. Números para ti.
4. Desfile de letras.

Observaciones:
— El apartado primero puede ampliarse con partes menos elementales o menos conocidas por el niño, según su edad.
— Los juegos con colores y figuras ejercitan a la vez la creatividad, los conceptos elementales y el vocabulario. Atrévete a inventar nuevos juegos del mismo estilo.
— Conviene que tu hijo conozca los números y las letras del alfabeto antes de comenzar el colegio, pero no te obsesiones con ello. Hazlo agradable y sin excesiva insistencia.

1. Todo acerca de mí

Este apartado está pensado para ayudar al niño a conocer las partes del cuerpo. Ya sabes que esto es muy importante para el niño. El niño adquiere experiencia viendo la relación entre una parte y otra; adquirirá conciencia de sí mismo en su ambiente. Esto es importante para empezar a desarrollar otras destrezas motoras. A medida que el niño adquiere conciencia de sí mismo, se desarrolla su sentido de la independencia.

El niño necesita:

Señalar los ojos, la nariz, las manos, las orejas, las piernas, el pelo, la boca, etc.

Lavarse y secarse las manos e ir al cuarto de baño, solo.

Aprender cuál es la parte delantera y la de atrás de la ropa, cuando aprenda a vestirse.

Este apartado también es importante porque ayuda al niño a valorarse y a sentirse satisfecho de sí mismo. Ciertamente, esto tiene mucho que ver con su capacidad de aprendizaje.

Lee este apartado varias veces. Señala las partes del cuerpo.

Tengo una cara redonda y bonita,
y tengo pelo sobre mi cabeza.
A veces me crece mucho
y me hace cosquillas en la cara.

Y dos ojos
que ven muchas cosas bonitas.
Animales en la granja.
Pájaros en la copa de los árboles.
Ardillas que comen nueces.

Tengo una nariz
que puede oler muchas cosas...
ropa limpia al sol,
bizcochos en el horno,
flores que crecen en el jardín,
el perfume que usa mi mamá.

¡Yo tengo una boca!
A veces, come.
A veces, habla.
A veces, mis labios se fruncen,
pero no estoy bien así.
Cuando soy feliz, mi boca lo dice.
Así que sonrío, sonrío y sonrío.

Tengo dos orejas, una a cada
lado de la cabeza.
¡Escucha! Puedo oír algo.
Oigo muchos sonidos agradables...
Mi madre que canta,
el timbre que suena,
la abejas que zumban,
la abuelita que ríe,
el perro que ladra.
Oigo sonidos agradables por las orejas.

¿Ves mi cuello?
¿Qué función tiene?
Sostiene mi cabeza.
Me ayuda a moverla de un lado a otro.
Mis hombros son anchos y salen del cuello.
Tengo un cuello bonito y hombros
grandes, grandes.

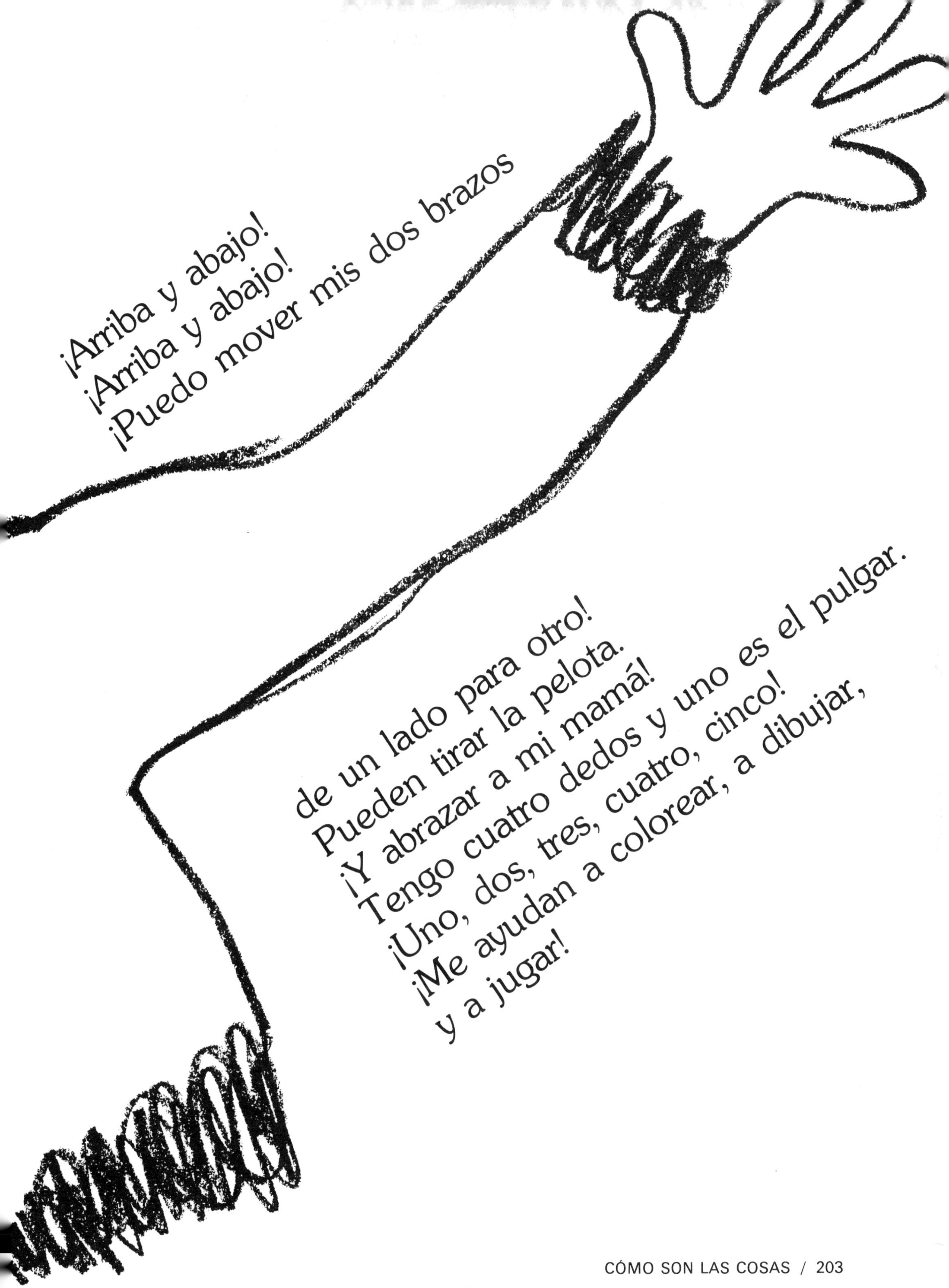

¡Arriba y abajo!
¡Arriba y abajo!
¡Puedo mover mis dos brazos
de un lado para otro!
Pueden tirar la pelota.
¡Y abrazar a mi mamá!
Tengo cuatro dedos y uno es el pulgar.
¡Uno, dos, tres, cuatro, cinco!
¡Me ayudan a colorear, a dibujar,
y a jugar!

Mi cuerpo se dobla.
Y se mueve.
Y se sienta.
Y se pone de pie.
Y mis dos piernas
caminan, corren y saltan.

Tengo dos pies.
Tienen talones y dedos.
Uno, dos, tres, cuatro, cinco
dedos
en cada pie.

Mi Mamá
Me Ama

Aquí estoy.
Me gusto.
¿Te gusto a ti también?

2. Diversión con colores y figuras

Léele este apartado varias veces al niño. Él estará aprendiendo a reconocer figuras y colores. Estará aprendiendo a pensar, a usar su imaginación. ¡Qué satisfecho de sí mismo se sentirá cuando esté en el primer curso! Se necesitará mucha repetición y muchos ELOGIOS antes de que el niño aprenda los colores y las figuras.

Recuerda, los niños necesitan saber cientos de significados de palabras. Hay más de 200 en este capítulo. El niño aprenderá los significados si le lees y le explicas tú lo que no entiende.

Haz que tus hijos mayores le lean al pequeño. Ellos pueden disfrutar también. HAZ QUE SEA DIVERTIDO.

Tengo un círculo grande y verde
y un rectángulo pequeño y marrón.
Me pregunto: ¿qué podría hacer?
¡Ah!, ya sé...
Vuelve la página y verás.

Sus ramas miran
hacia el Sol
en días calientes.
y, a veces, sirve de hogar
para los pajaritos y las ardillas.
¡Qué árbol tan bonito he hecho!

He aquí un montón de figuras...
un rectángulo pequeño y negro
y un cuadrado pequeño y negro también.
Además, uno, dos, tres, cuatro, cinco
cuadrados grandes, en azul, amarillo,
verde y rojo.
Y uno, dos, tres, cuatro, cinco, seis,
siete, ocho círculos de color marrón.
¿Qué puedo hacer con esto?
Déjame pensar.
Es difícil. ¡Ah!, ya sé...

¡Pii! ¡Pii!
¡He hecho un tren!
Aquí viene, ¡pi, chucuchucu chu!
¡pi, chucu chucu chu!
Las ruedas dan vueltas y vueltas.
El maquinista toca el pito.
Me gusta mi tren
¿Sabes los colores de mis vagones?

Tengo algunas figuras para jugar;
un cuadrado negro y
tres círculos blancos,
un círculo pequeño, uno mediano y
un círculo grande.
Me pregunto, ¿qué puedo hacer?
¡Ah!, ya sé...

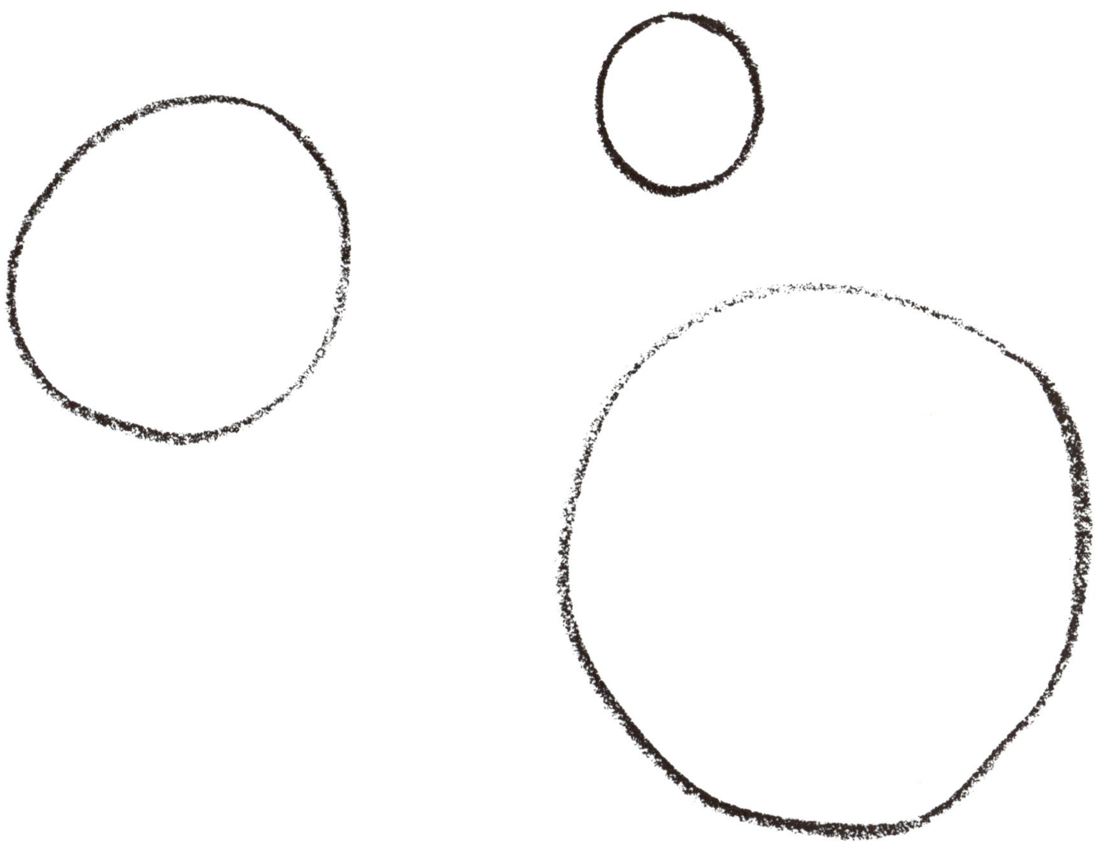

¡Un muñeco de nieve!
He hecho un muñeco de nieve con
tres círculos: uno pequeño, uno mediano
y uno grande.

¿Qué figuras tengo aquí?

Tengo un triángulo pequeño y amarillo.
Tengo un triángulo grande de color naranja.
Tengo dos rayas marrones.

Me pregunto, ¿qué puedo hacer?
¡Ah!, creo que ya lo sé...

¡Una tienda de indios!
La tienda es el triángulo grande de color naranja.
La puerta de la tienda es el triángulo
pequeño y amarillo.
Y las dos rayas marrones son
la armazón de la tienda.
¡Qué tienda tan bonita he hecho
con mis figuras!

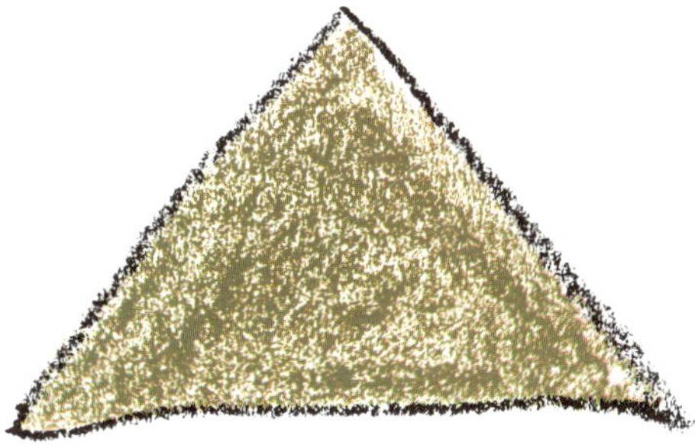

Ahora tengo:
un triángulo marrón;
dos rectángulos pequeños, amarillos;
un rectángulo largo, también amarillo;
un rectángulo pequeño y rojo y

un cuadrado grande de color verde.
Ahora, ¿qué puedo hacer con ellos?
¡Ya sé!

Puedo hacer una casa,
una casa verde
con ventanas y puertas amarillas
y una chimenea roja en el
tejado marrón. Me gusta mi casa.
En mi casita ¡vive una familia!
Sí, una mamá,
un papá y algunos niños.

¿Qué tengo aquí?
Tengo una estrella amarilla.
Uno, dos, tres, cuatro, cinco y
seis círculos rojos.
Un triángulo verde y
un cuadrado marrón.
Si pienso...
... puedo hacer algo.
¡Ah!, ya sé...

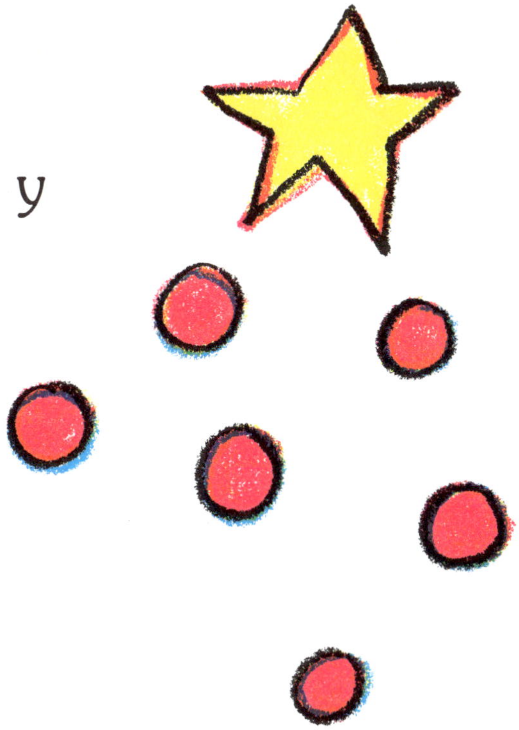

He hecho un árbol de Navidad
con bombillas rojas para decorarlo.
Y una bonita estrella en lo alto.
Me gusta mi árbol de Navidad.
¿Te gusta a ti también?

¿Qué figuras son éstas?
Son dos corazones amarillos,
un rectángulo verde
y dos rayas marrones.

¿Qué puedo hacer con estas figuras?
¡Ah, sí!, ya sé...

Puedo hacer una bonita mariposa.

Los corazones amarillos son las alas.
El rectángulo verde es el cuerpo.
Las dos rayas marrones son sus antenas.

Aquí hay cinco
círculos de color violeta,
un círculo pequeño amarillo
y una raya que es verde.
Pensaré lo que puedo hacer...

¡Aquí está!
¡Una flor!
Con pétalos violeta
y el centro amarillo.
La línea verde
será el tallo.

3. Números para ti

Este apartado ha sido preparado especialmente para ti. Ha sido preparado para que ayudes al niño a aprender significados y a adquirir nuevos conocimientos.

Haz que el niño cuente las ilustraciones de cada página, mientras tú le lees las frases.

Más tarde, a medida que el niño se desarrolla, él podría preguntar qué son los números. Si lo hace, explícale, pero *no lo fuerces demasiado* tratando de enseñárselos antes de que esté preparado. Lo importante es que adquiera *conocimientos* de lo que realmente significan los numerales.

Hay muchas otras cosas que puedes hacer para ayudar al niño para una preparación formal en Aritmética.

Habla sobre las horas: la hora de comer, la hora de dormir, la hora de jugar. (Esto lo ayudará a entender el tiempo.)

Deja que el niño haga cosas sencillas, como contar el número de platos en la mesa, el número de personas en el hogar, cuántas sillas se necesitan.

Explícale la diferencia entre *grande* y *pequeño*. Usa latas cuando cocines. Pídele al niño que te dé la mayor, la más pequeña, la lata que está en el anaquel de abajo, la que está en el anaquel de arriba.

Habla sobre *mucho* y *poco*, *derecha* e *izquierda*, *alto* y *bajo*, *encima* y *debajo*. Esto le ayudará a adquirir conocimientos que necesitará más tarde.

Háblale de diferentes figuras: círculo, cuadrado, triángulo, corazón, rectángulo. Deja que el niño busque en la casa cosas que tienen diferentes formas.

1 Una bola grande
y redonda.

2 Dos manzanas rojas
caen sobre la hierba.

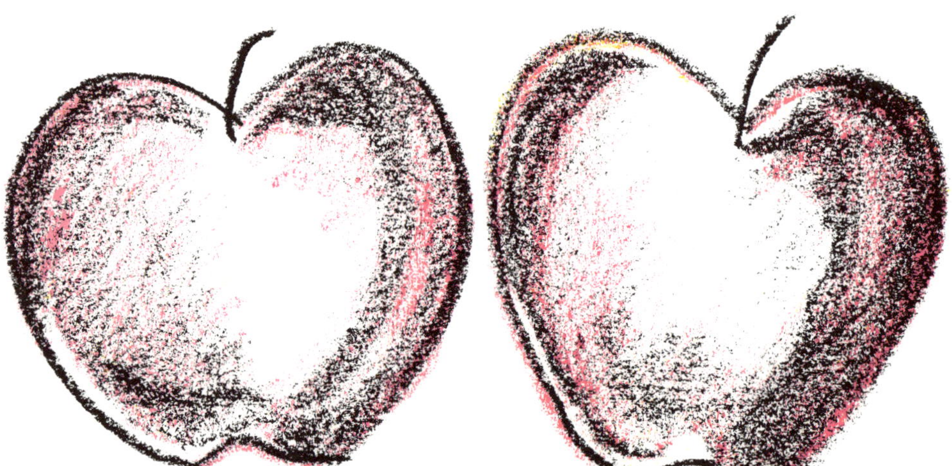

3

Tres tambores grandes
hacen: Bon-bon-bon.

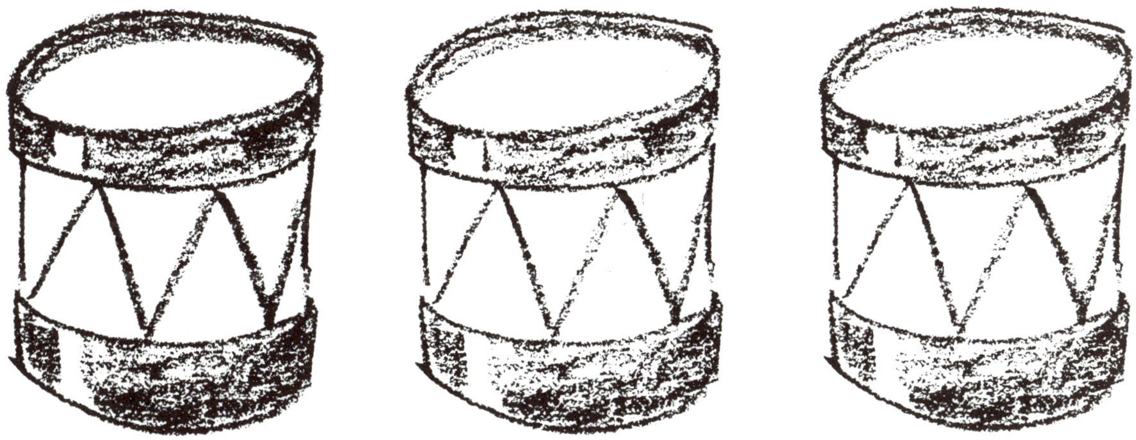

4

Cuatro gatitos van
tras un ratón.

5

Cinco cometas
en lo alto del cielo.

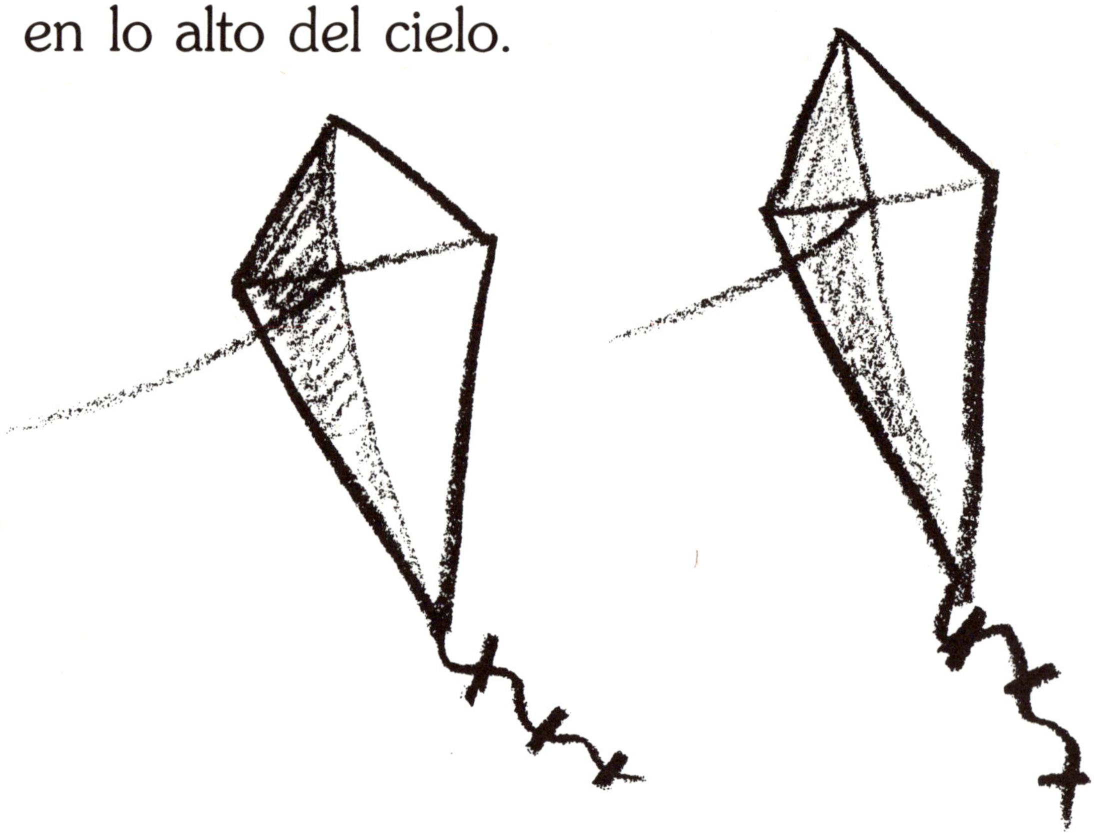

6

Seis pájaros
que vuelan muy alto.

7

Hay siete velas encendidas
sobre la tarta de cumpleaños.

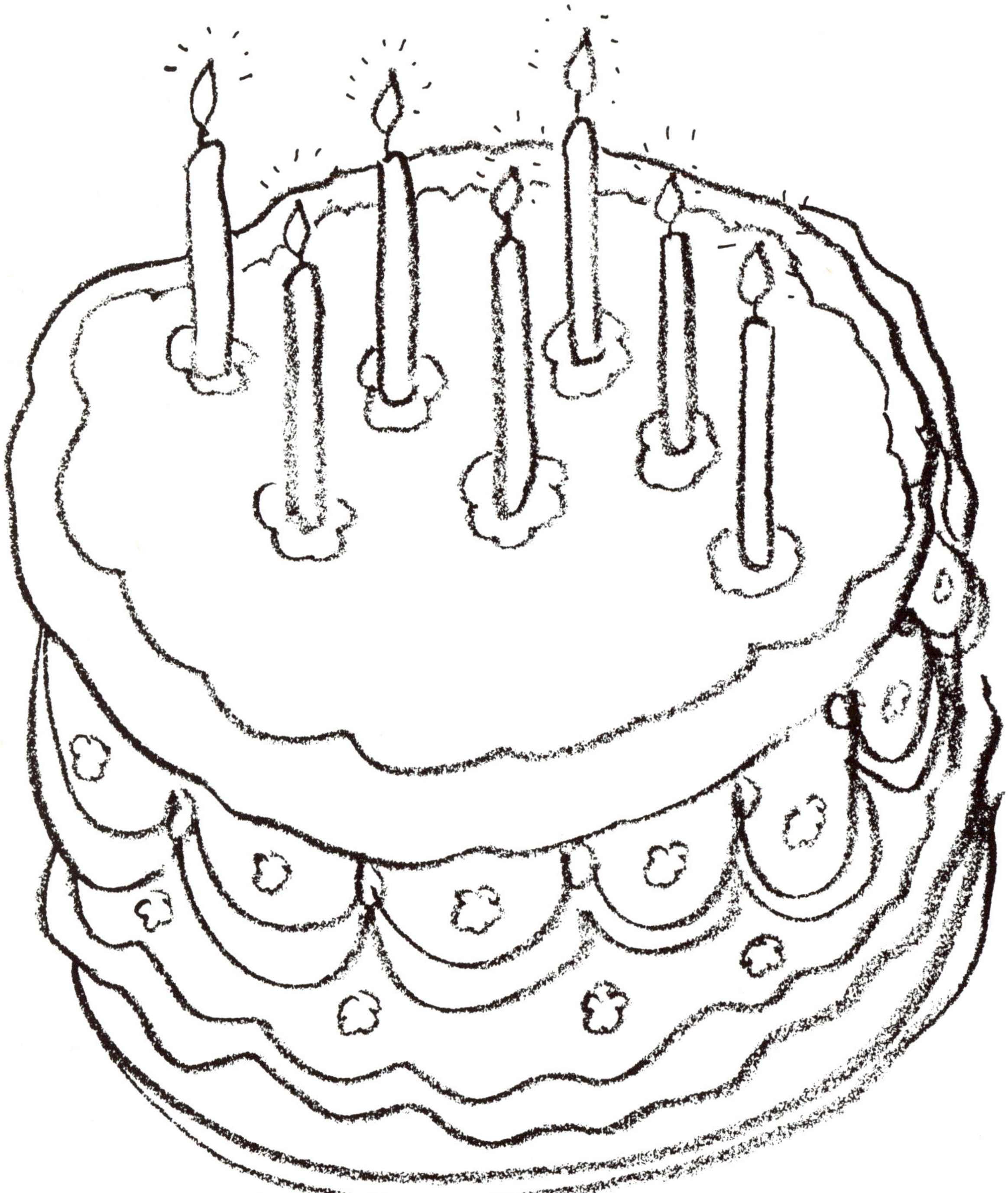

8

Se ven ocho barcos
en el mar.

9

Nueve pececitos
nadan en el mar.

10

Diez estrellas brillan
y te hacen guiños en la noche.

Cuenta estos dibujos.
Veamos hasta dónde sabes contar.

4. Desfile de letras

Los estudios demuestran que, cuando los niños han visto las letras del alfabeto muchas veces, les cuesta menos empezar a leer.

Este apartado será útil para que tú le enseñes al niño las letras del alfabeto. (*Pero esto no es lo más importante que tú puedes hacer por el niño. Leerle y ayudarle a aprender, a hablar con oraciones completas y a comprender lo que las palabras dicen,* es más importante para el niño que aprender las letras.)

Canta la canción del alfabeto. Ya conocerás la melodía. Si no la recuerdas, uno de tus niños mayores te podrá ayudar. Es importante que el niño aprenda a reconocer las letras *cuando esté preparado para ello.* Pero, POR FAVOR, SÓLO POCAS A LA VEZ. Y SÓLO SI TIENE INTERÉS. SERÁ PEOR SI LO OBLIGAS.

Vuelve las páginas mientras cantas y señálale las letras. Te sorprenderás de todo lo que el niño puede aprender. Enséñale la diferencia entre mayúsculas y minúsculas.

Haz que el aprendizaje sea divertido y que el niño se sienta feliz.

a
b
c
A
B
C
ch
d
e
CH
D
E

f
F
g
G
h
H
i
I
j
J
k
K

l
L
ll
LL
m
M
n
N
ñ
Ñ

o
O
p
P
q
Q
r
R

s
S
t
T
u
U
v
V

¡Qué contento estoy! Y
me sé el abecedario.

CAPÍTULO 9

PREPARÁNDOSE PARA LA LECTURA

Objetivo:
Desarrollo de algunas habilidades básicas imprescindibles para aprender a leer.

Contenido:
1. ¿Qué falta? Atención visual y percepción de pequeñas diferencias.
2. ¿Cuáles son iguales?
3. ¿Cuál es el dibujo correcto?
4. ¿Cuál no pertenece al grupo? Razonamiento abstracto, clasificación y ordenación de elementos.
5. ¿Has escuchado? Atención y concentración, comprensión de órdenes verbales.
6. ¿Qué sucedió? Razonamiento lógico-temporal.

Observaciones:
— Aprender a leer es una tarea difícil para muchos niños. Tú puedes ayudarle a hacerlo más sencillo.
— Al final de la realización de estos ejercicios, tu hijo estará mejor preparado para aprender a leer, pero será necesario que practique con otros semejantes a los propuestos.
— Tú mismo podrás variar la dificultad de los nuevos ejercicios, según la facilidad con que tu hijo haya resuelto los de este capítulo.
— Sé paciente y elógialo cuando responda correctamente.

1. ¿Qué falta?

Estos dibujos te ayudarán a ti, o a alguien de la familia, a enseñarle **algo muy importante** al niño. Es una capacidad que debe desarrollar para poder aprender a leer.

Usando esta parte del capítulo, con el niño, lo ayudarás a desarrollar: (1) su habilidad para **mirar cuidadosamente** (esto se llama **destreza visual** o **agudeza**); (2) su habilidad para **pensar cuidadosamente y hablar** contigo.

Úsalo ocasionalmente, antes de que el niño vaya al jardín de infancia y al primer curso. ¡Sólo durante unos minutos! Incluso cinco minutos pueden ser excesivos.

HAZ QUE EL APRENDIZAJE SEA DIVERTIDO. ANÍMALO MUCHO.

1. He aquí un juguete. ¿Qué es? ¿Qué le falta al carrito?

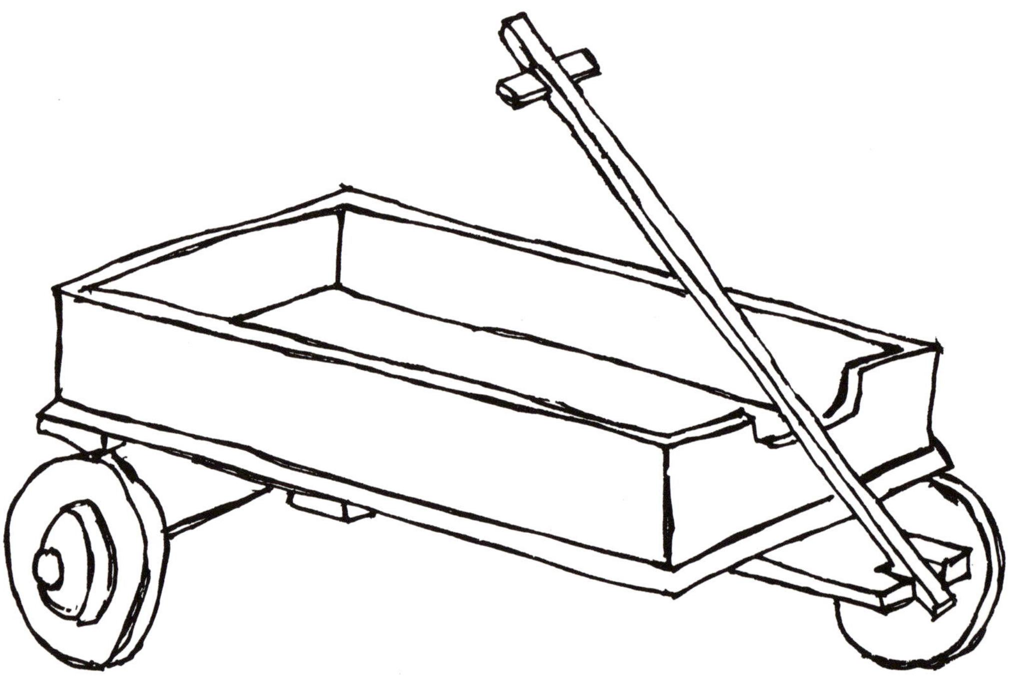

2. ¿Qué animal es éste? ¿Qué le falta al dibujo? ¿Qué necesita el elefante para estar completo? (*Usa los términos que usan los adultos; es así como el niño aprende.*)

3. Aquí hay un gatito lamiendo su leche. ¿Qué parte del cuerpo le falta? (*Es posible que tengas que decírselo al niño..., el rabo.*)

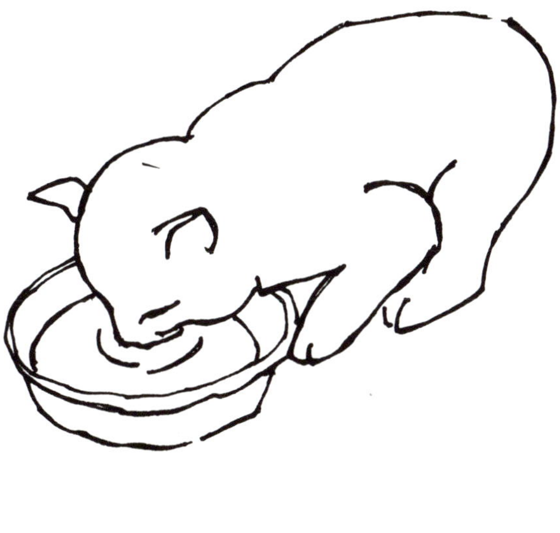

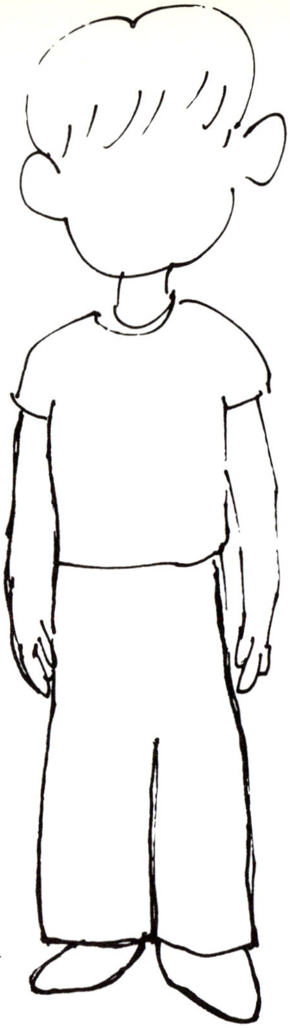

4. Aquí hay un niño. ¿Qué le falta?

5. Aquí hay un gallo. ¿Cómo canta el gallo? ¿Qué le falta?

6. Aquí hay ropa. ¿Qué es? (*Sí, una cazadora.*) ¿Qué le falta?

7. ¿Qué está haciendo la niña? (*Sí, está dándole una patada a una pelota.*) ¿Qué le falta? (*Sí, el pie.*)

8. ¿Qué es esto? (*Dile que el reloj da la hora; muéstrale los números. Es posible que tengas que decirle al niño que le faltan las manecillas. Enséñale el reloj de tu casa.*)

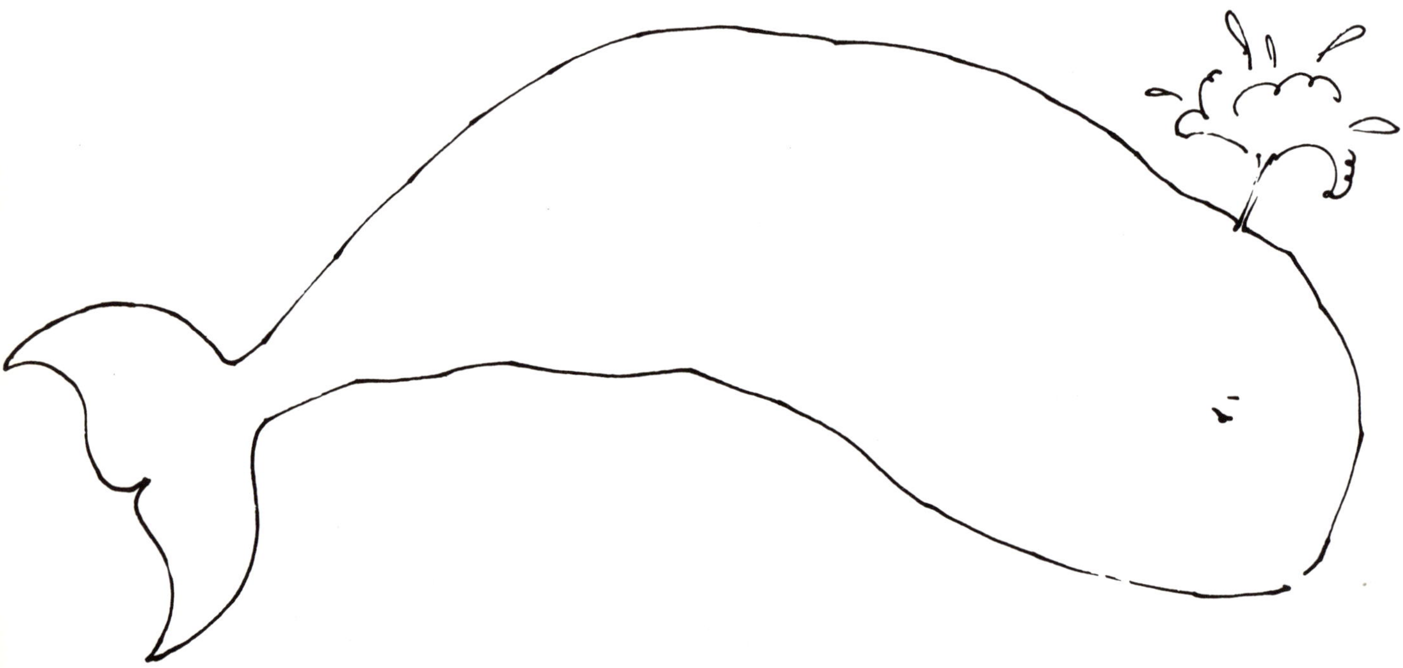

9. He aquí una ballena grande que vive en el océano. Mira cómo brota vapor de agua por la parte superior del cuerpo. ¿Qué le falta? *(Sí, la boca.)*

10. Mira este camión. Se usa para transportar cosas. (*Usa las palabras apropiadas.*) ¿Qué le falta? ¿Qué no tiene? (*Elogia al niño si contesta bien.*)

11. ¿Qué es esto? ¿Qué le falta? (*Di, "El asa, sí, falta el asa."*)

12. Mira la casa. ¿Qué le falta?

13. ¿Qué es este *vehículo*? ¡Sí, un autobús escolar! Lleva niños al colegio. ¿Qué le falta? (*Es posible que le tengas que ayudar a observar que no tiene puerta.*)

14. Aquí hay un pato. ¿Cómo hace el pato? ¿Qué le falta al dibujo?

15. Aquí hay una cara. ¿Qué le falta? (*Sí, necesita otro ojo.*) ¿Dónde hay que ponérselo? (ELÓGIALO.)

2. ¿Cuáles son iguales?

Este apartado está preparado para ayudarte a enseñar al niño una destreza importante: la habilidad para ver cosas que son **iguales** y cosas que son **diferentes**.

Cuando el niño entra en el colegio, necesita aprender a observar semejanzas y diferencias en las palabras y las letras. Sin embargo, necesita, primero, haber tenido montones de experiencias, observando ilustraciones semejantes o diferentes.

Pídele que te explique **por qué** el dibujo es diferente. No lo canses, usa el libro sólo durante algunos minutos.

ELOGIA al niño, cuando lo haga bien, para reforzar sus capacidades.

1. ¿Cuáles son *iguales*? ¿Cuál es *diferente*?

2. ¿Qué dos fresas son *exactamente iguales*?

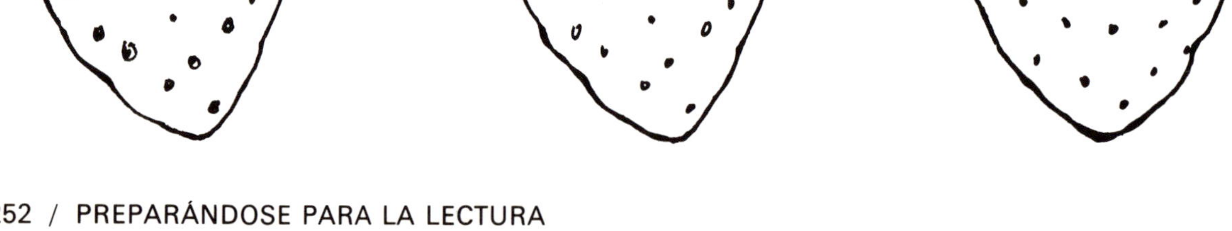

3. Ahora, señala los perros que son *exactamente iguales*, y dime cuál es *diferente*.

4. ¿Qué dos figuras son *iguales*?

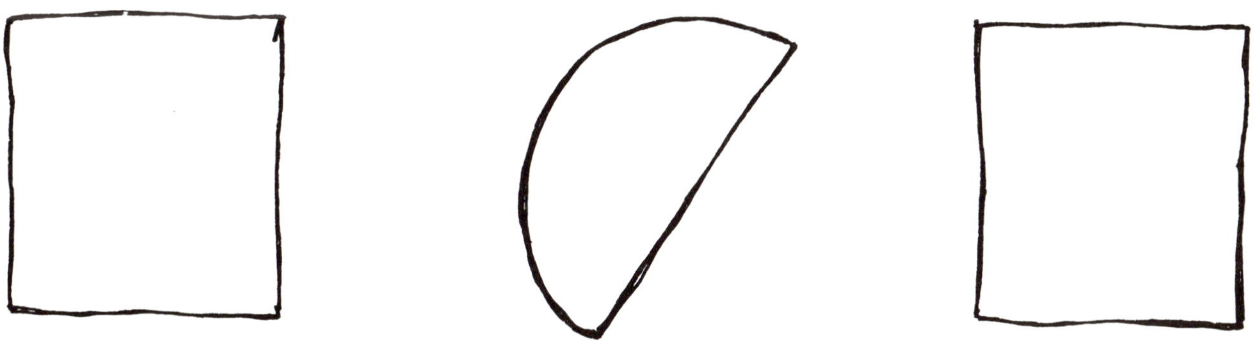

5. ¿Cuál es el pato **diferente**? ¿Por qué es **diferente**?

6. ¿Qué dos corbatas son *iguales*?

7. De estos tres sombreros, ¿cuáles son *exactamente iguales*?

8. Señala la letra que es *diferente*.

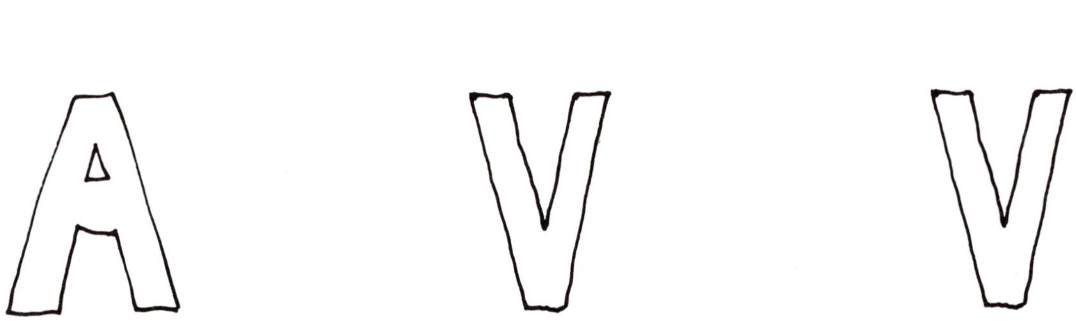

9. ¿Qué dos figuras son *iguales*? ¿Por qué una es *diferente*?

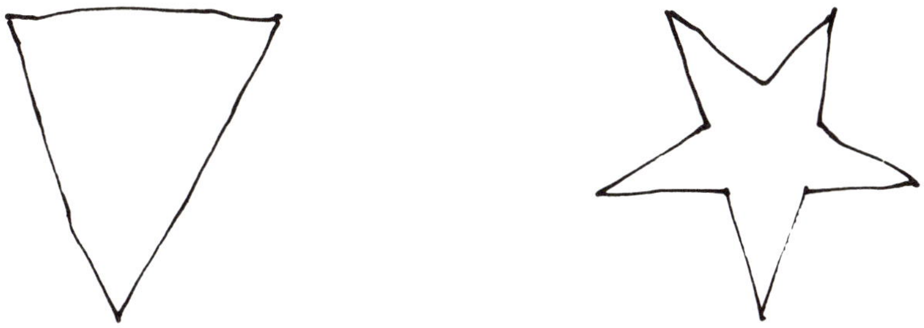

10. ¿Cuáles son *iguales*? ¿Cuál es **diferente**?

11. ¿Qué hoja es *diferente*?

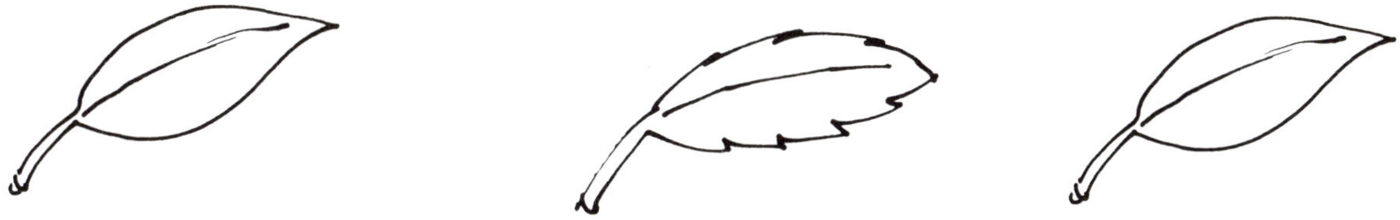

12. ¿Qué dos letras son *exactamente iguales*? ¿Cuál es *diferente*?

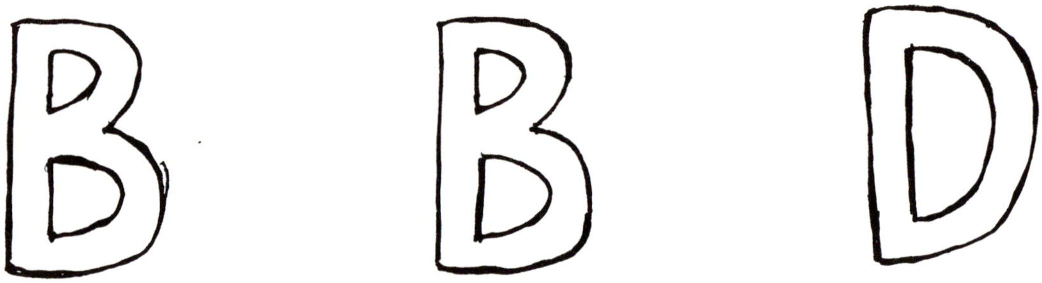

13. ¿Cuál de estos clavos es *diferente*?

14. Señala las dos conchas que son iguales.

15. Muéstrame la percha *diferente*.

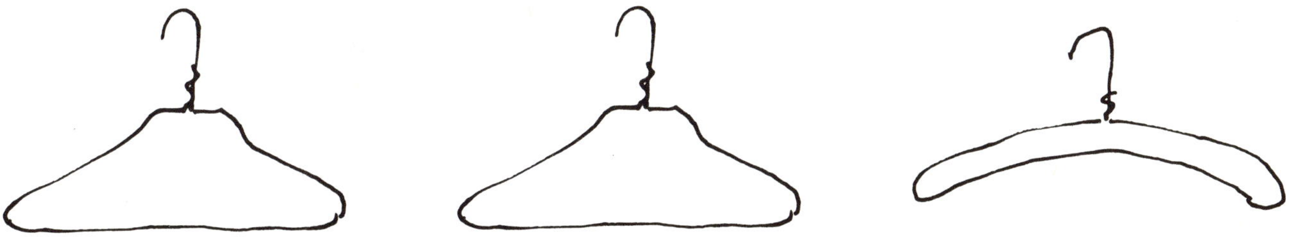

16. ¿Qué velas son *iguales*, en el dibujo?

17. Encuentra los dos jerseis que son *exactamente iguales*.

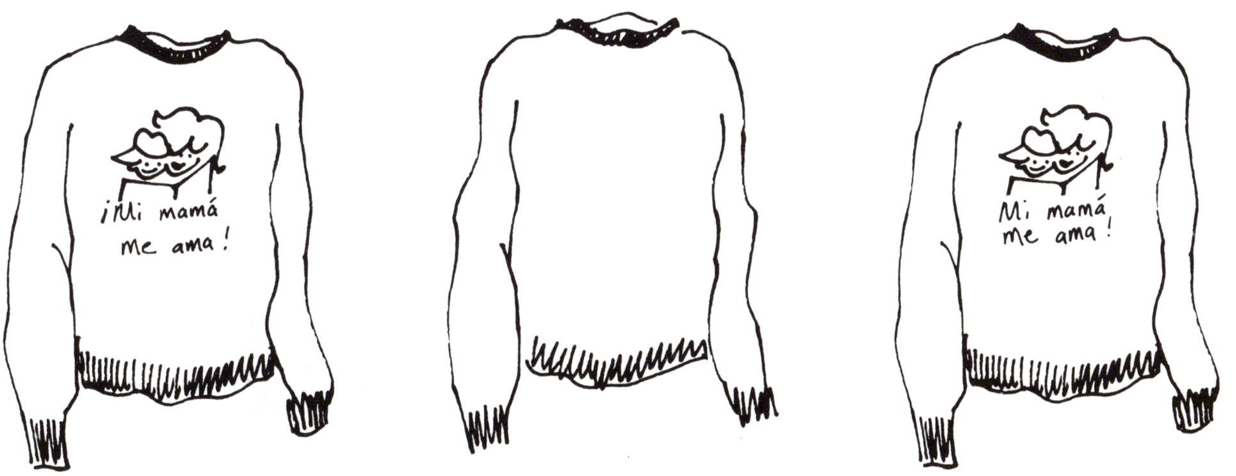

3. ¿Cuál es el dibujo correcto?

Esta parte también le ayudará al niño a desarrollar destrezas visuales. Es un poco más difícil que la anterior.

El niño necesita hacer esto antes de estar preparado para leer. Déjalo observar el primer dibujo y, después, debe buscar otro, en la **fila,** igual a ése. Si no puede encontrar el dibujo, **ayúdalo.** Si puede, ¡**elógialo**!

Mira este dibujo.

Busca uno exactamente igual, aquí.

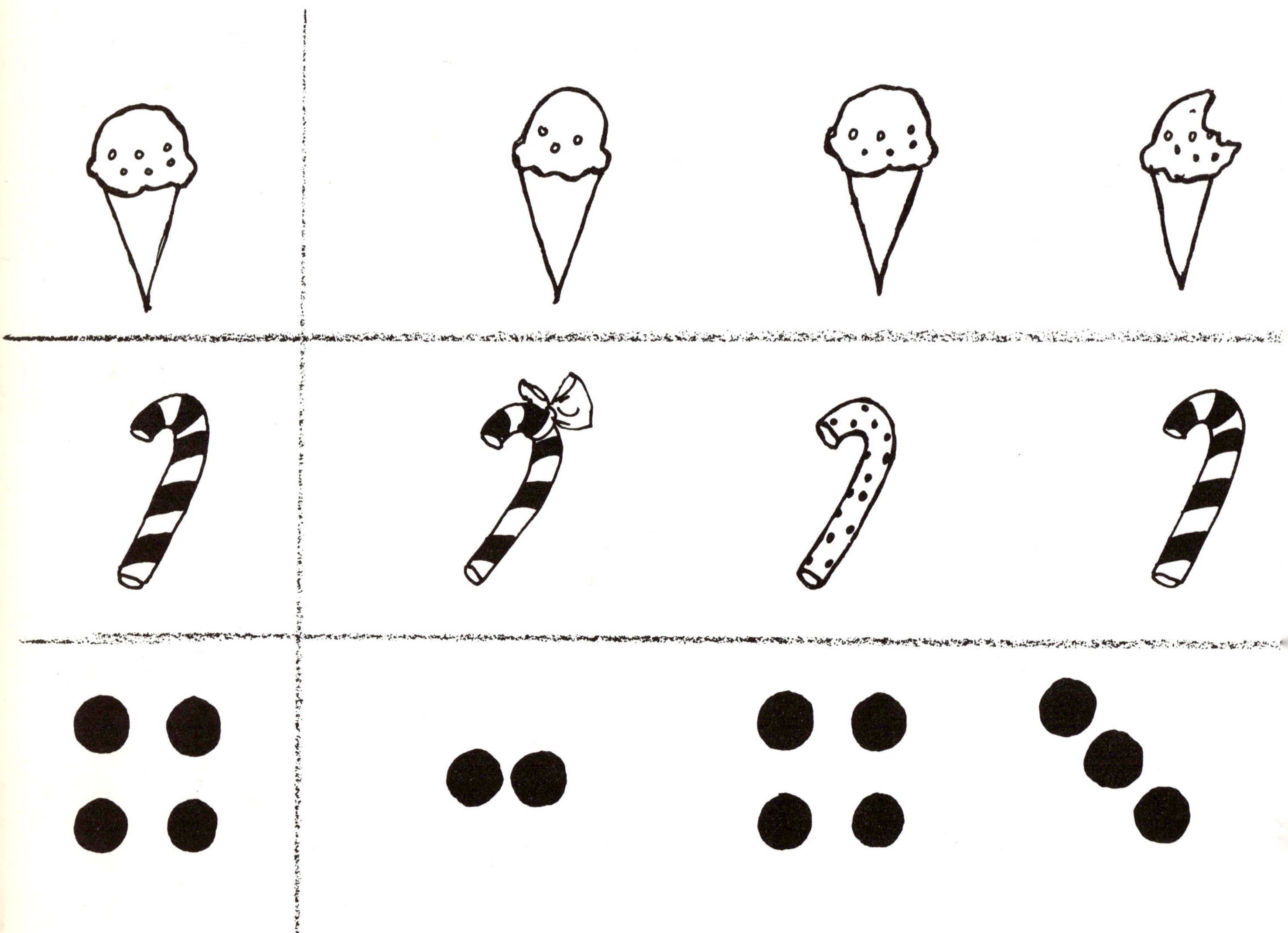

Mira este dibujo. Busca uno exactamente igual, aquí.

Mira este dibujo. Busca uno exactamente igual, aquí.

Mira este dibujo.

Busca uno exactamente igual.

4. ¿Cuál no pertenece al grupo?

Antes de que el niño aprenda a leer en el colegio, necesitará tener la capacidad de pensar, de seleccionar cosas que van juntas porque son iguales o porque pertenecen al mismo grupo (ropa, juguetes, gente).

Esta parte del libro te ayudará a enseñarle esta importante destreza.

Estarás enseñando al niño a pensar.

Le estarás **ayudando a desarrollar su inteligencia.**

Le estarás **ayudando a tener más éxito cuando comience el primer curso del colegio.**

Úsalo sólo durante unos pocos minutos. Úsalo una y otra vez.

El niño aprende repitiendo.

SÉ PACIENTE.

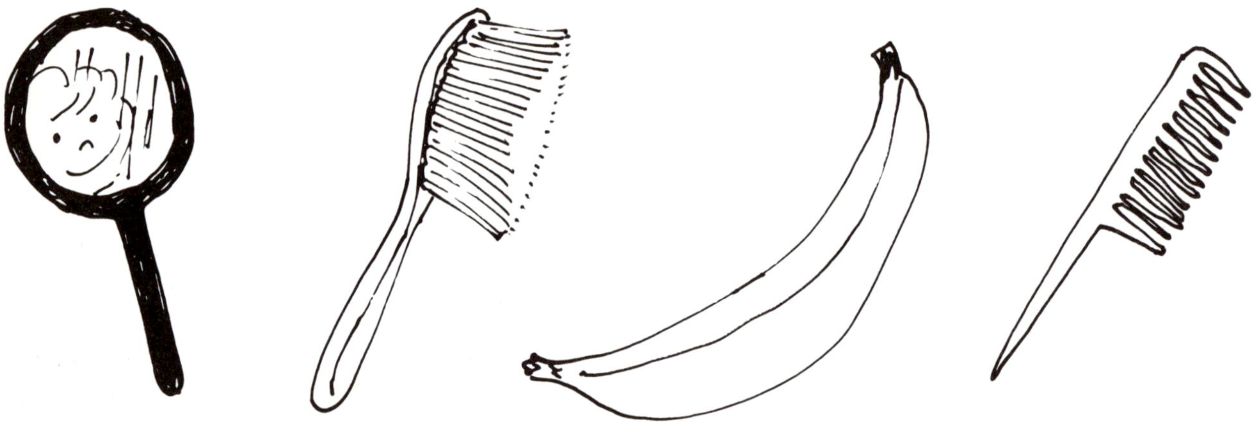

1. El plátano se come. Las otras cosas son para el aseo.

2. Todo esto es ropa, menos el cubo. ¡No se puede usar para vestir!

3. Todas las cosas son comestibles, menos el barco de vela. *(ELOGIA A TU NIÑO SI TE DA LA RESPUESTA CORRECTA.)*

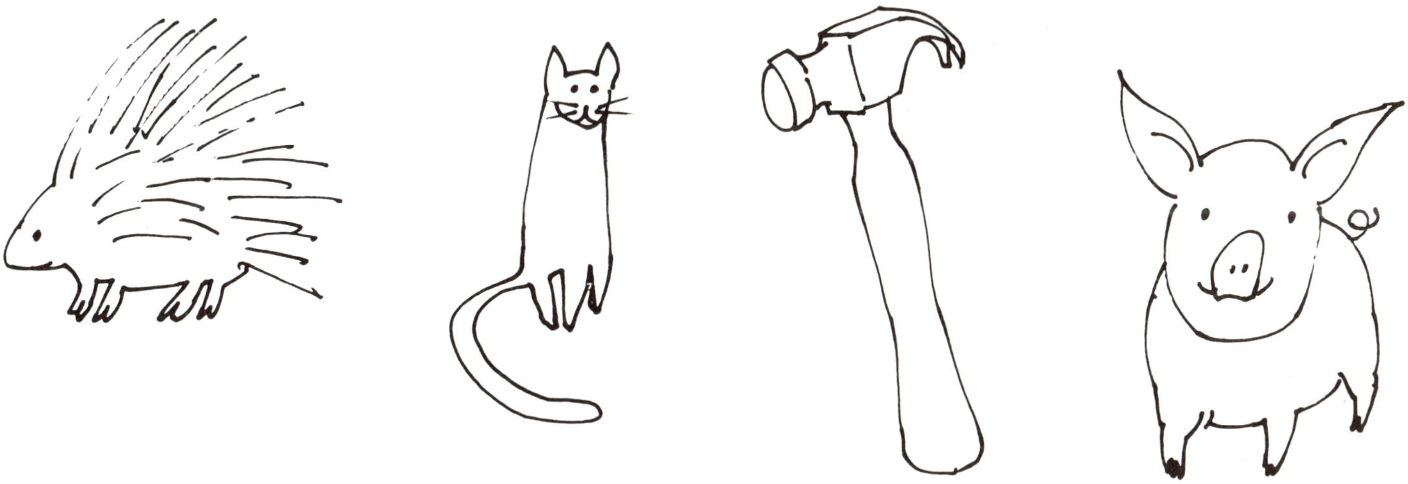

4. ¡Sí! Todos son animales, menos el martillo.

5. Todas las cosas son utensilios para comer, menos la lámpara. ¡ELOGIA!

¿CUÁL NO PERTENECE AL GRUPO?

6. ¡Sí!, todas son personas, menos el pato con ruedas. ¿Qué es?

7. Todas las cosas son comestibles, menos la estrella.

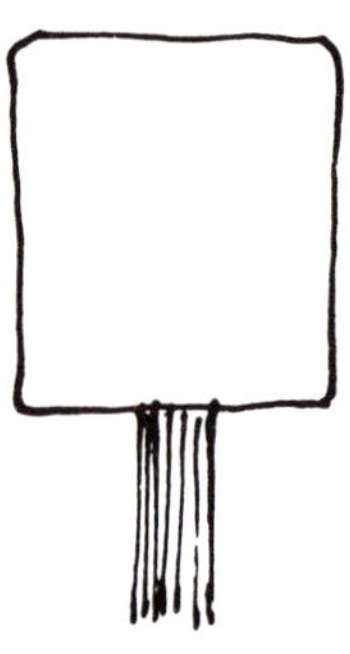

8. Todas las señales tienen letras escritas, menos una.

9. Todas las figuras son flores, menos el pato, que no es una flor.

10. ¡Sí! El mono no es una persona. Habla con oraciones completas. Esto ayudará al niño.

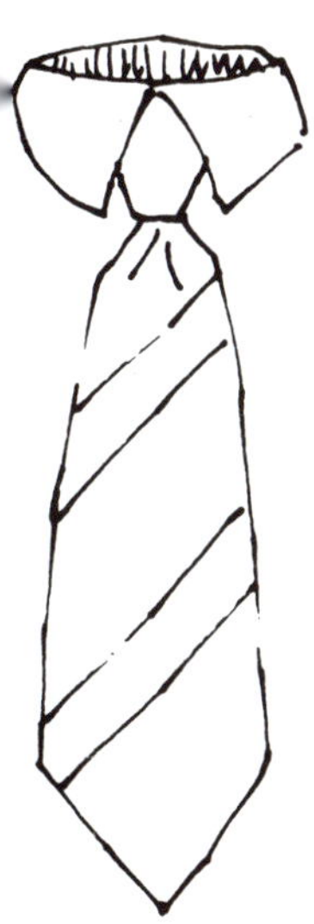

11. El avión no es ropa. Ayuda a tu hijo a comprender. Esto le podrá resultar difícil.

¿CUÁL NO PERTENECE AL GRUPO?

12. El destornillador no es un juguete.

13. ¡Exacto! La calabaza no es un animal.

14. ¡Sí! Todos son triciclos, pero el serrucho no lo es.

15. Un tomate no es un pájaro. Por eso no pertenece al grupo.

16. Todos los hombres van cubiertos, pero hay un sombrero suelto. No pertenece al grupo. Explícale esto a tu niño.

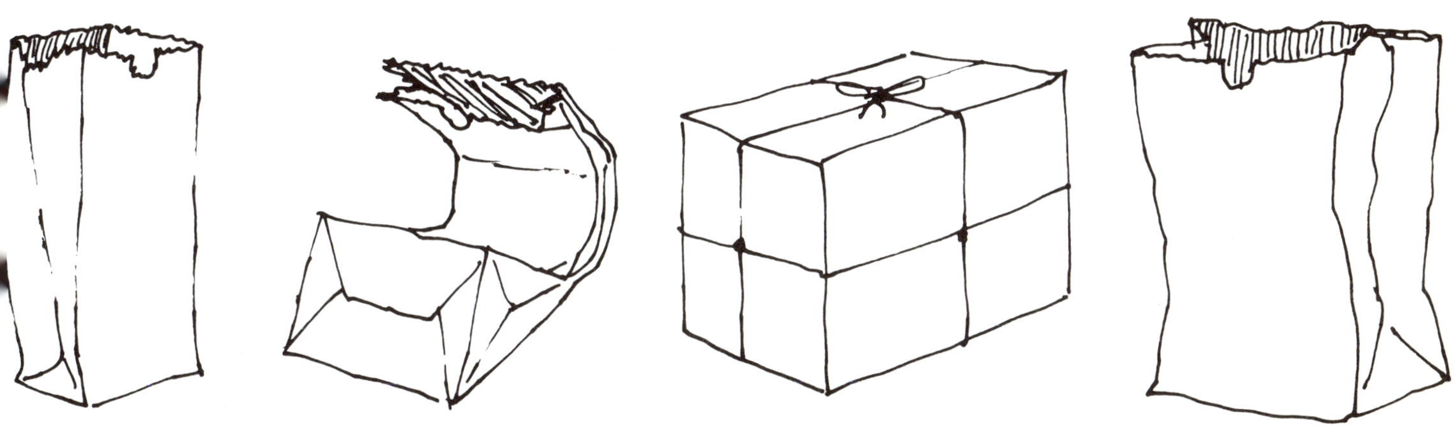

17. La caja no pertenece al grupo porque no es una bolsa de papel.

5. ¿Has escuchado?

Saber escuchar, y comprender lo que se ha escuchado, es una capacidad. El niño aprovechará más en el colegio si aprende a desarrollar esta destreza. ¡Esta parte del libro **le ayudará a aprender a escuchar y a pensar,** mientras oye!

Cuando el niño comience el primer curso, el profesor estará verificando su capacidad para escuchar mediante el uso de cuentos y dibujos. Empieza a hacerlo tú con él. **DALE UNA VENTAJA INICIAL. TE ALEGRARÁS DE HABERLO HECHO.**

1. Mamá tiene muchas cosas que hacer. La ropa está preparada para planchar. Necesita coser. Pero los niños tienen hambre. ¿Qué usará mamá primero? (*Esto podrá ser difícil para tu hijo. Explícaselo pacientemente.*)

2. Papá necesita pintar la casa. Pero primero tiene que cortar la hierba. ¿Qué usará antes? (*Si tu hijo no responde bien la primera vez, vuelve a leérselo.*)

3. Juan tiene mucha hambre. "¿Me puedo comer un helado?", pregunta. "Yo creo que sería mejor comer fruta. Es casi la hora de la cena." ¿Qué comerá Juan?

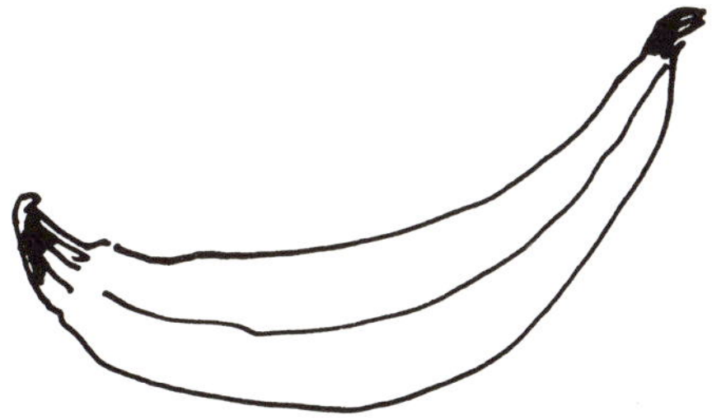

4. Estaba nevando mucho. Papá había quitado la nieve de la acera con una pala. Estaba oscuro y no podía ver el camino hacia el coche. ¿Qué es lo que usó él?

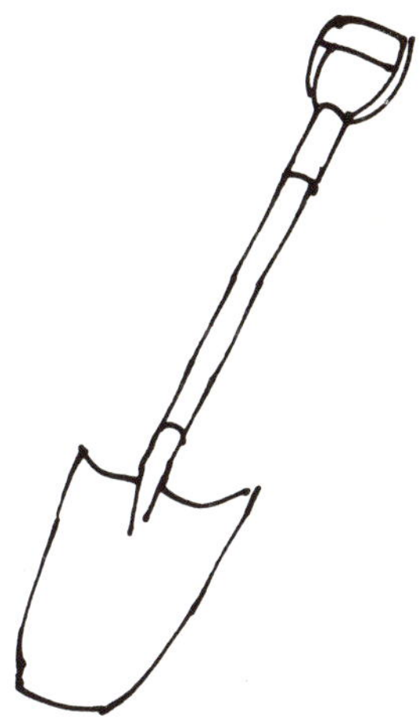

5. La abuela viene de visita. Alicia quiere sorprenderla con un regalo. Papá dice que haga un dibujo. Mamá piensa que puede colorear con los rotuladores. Juan le aconseja que recorte muñecas de papel. Ella quiere hacer lo que ha dicho Juan. ¿Qué usará?

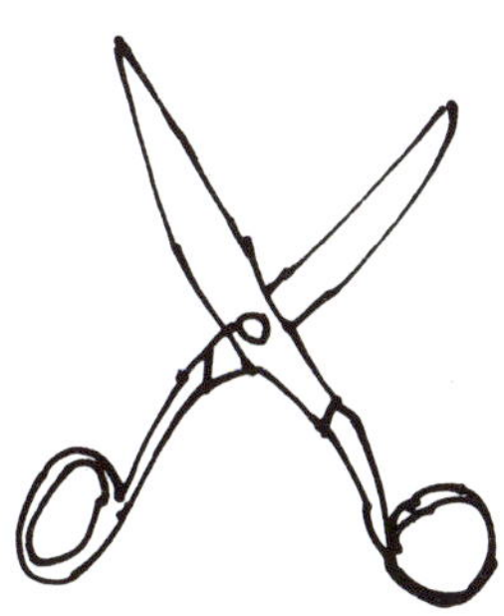
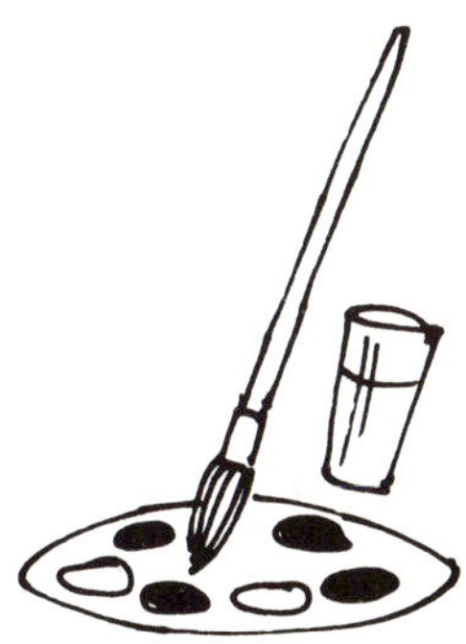

6. Papá quería leña para quemar en la chimenea. Necesitaba suficiente leña para todo el invierno. ¿Qué habrá usado para ir a buscarla? (*Esto podrá ser difícil. Explícaselo. ¡Le estás enseñando a tu hijo a PENSAR!*)

7. Mamá quería oír música suave. Nadie sabía tocar la trompeta. La radio estaba rota. Pero ella tenía un tocadiscos. ¿Qué ha usado?

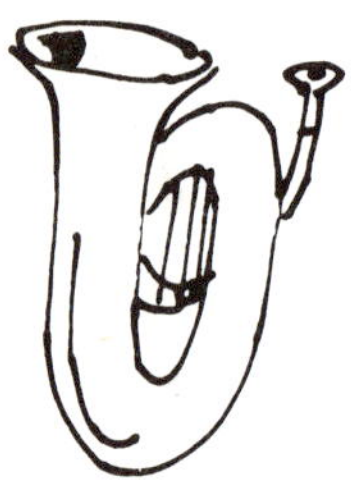

8. Es la hora de la cena. María es una niña bastante mayor. Tomás es un niño pequeño. Susana es todavía un bebé. ¿Qué leche tomará Susana? (*Si tu hijo no responde correctamente la primera vez, vuelve a leérselo.*)

9. Papá necesita hacer un viaje. Tiene que llegar rápidamente. ¿En qué irá?

  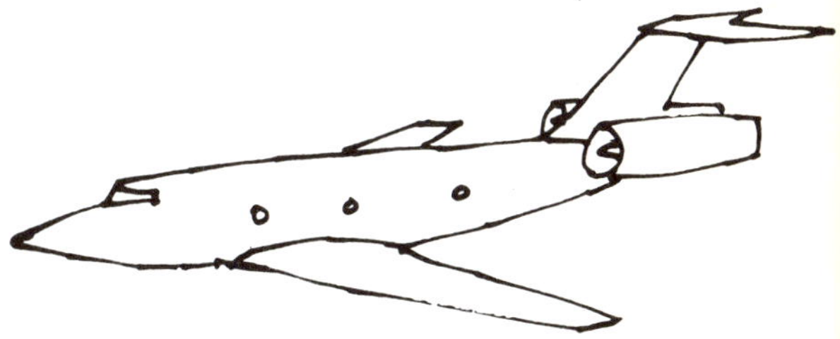

10. Un granjero fue al establo para dar de comer a un animal que tenía mucha hambre. De estos tres animales, ¿a cuál le dio de comer el granjero?

11. Mamá estaba muy ocupada preparando la cena. ¿Qué ha usado en la cocina para preparla?

12. Su madre le dijo a Susana: «Ven al cuarto de baño que te voy a cortar tu larguísimo pelo.» ¿Quién es Susana, de entre estas tres niñas?

13. El gato de Tomás tiene hambre y frío. Después de darle de comer, ¿dónde deberá llevarlo Tomás, para darle calor?

14. La mamá pájara desplegó las alas y voló a buscar comida para su cría. Señálame el dibujo en el que la mamá pájara está volando.

15. La mamá de María quiere levantarse temprano para hacer algunas fotografías con su cámara nueva. Tiene miedo de quedarse durmiendo hasta tarde. ¿Qué usará para despertarse? (Es posible que el niño te señale la cámara. Explícale pacientemente que ella usará eso para hacer las fotografías, pero ¿qué usa para despertarse?)

16. Papá necesita construir una casa para el perro. Necesita clavar los clavos. ¿Qué usará para ello?

17. Algo va mal y esta señora está pidiendo ayuda. Señálame el dibujo donde está pidiendo socorro.

6. ¿Qué sucedió?

Este apartado ayudará al niño a aprender a pensar. Él necesita adquirir esta capacidad antes de aprender a leer. Si lo usas convenientemente, podrás ayudar al niño.

En esta página, pregúntale al niño:

¿QUÉ CREES QUE SUCEDIÓ **PRIMERO**?

¿QUÉ SUCEDIÓ **DESPUÉS**?

¿QUÉ CREES QUE SUCEDIÓ **AL FINAL**?

NO OLVIDES FELICITAR AL NIÑO CUANDO CONTESTE CORRECTAMENTE. Si el niño no puede responder, EXPLÍCALE. HAZ QUE ÉSTA SEA UNA EXPERIENCIA AGRADABLE. AYUDA AL NIÑO A PENSAR QUE EL APRENDIZAJE PUEDE SER DIVERTIDO.

¿Qué sucedió **primero**?
¿Qué sucedió **después**?
¿Qué sucedió por **último**?

2.

3.

1.

2.

1.

3.

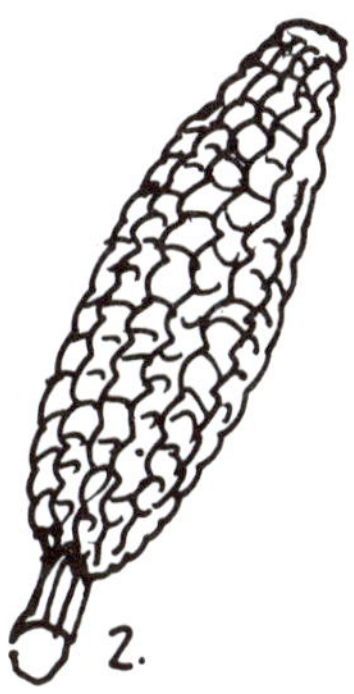
2.

3.

1.

1.

3.

2.

¿Qué sucedió **primero**?
¿Qué sucedió **después**?
¿Qué sucedió por **último**?

3.
2.
1.

1.
3.
2.

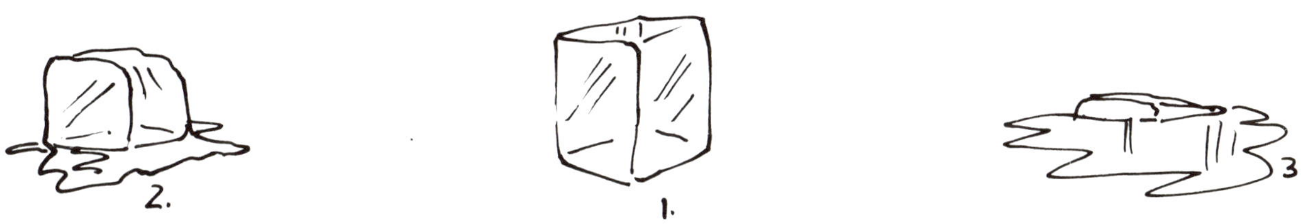
2.
1.
3.

3.
2.
1.

¿Qué sucedió **primero**?
¿Qué sucedió **después**?
¿Qué sucedió **al final**?

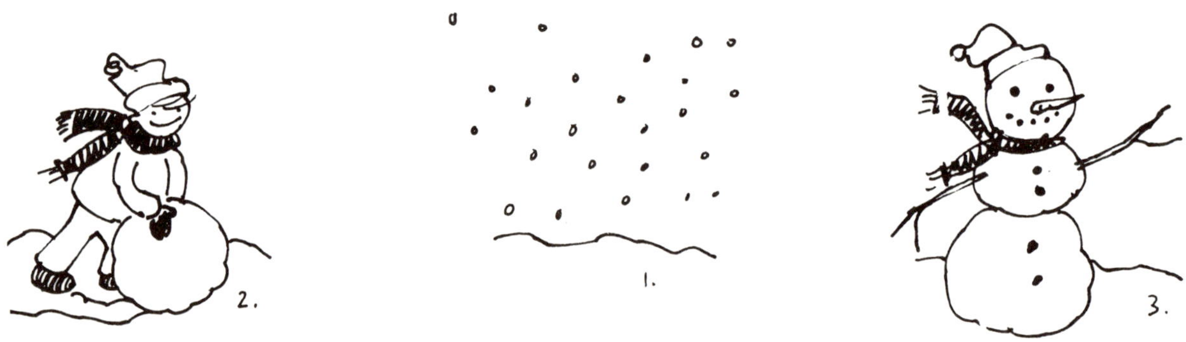

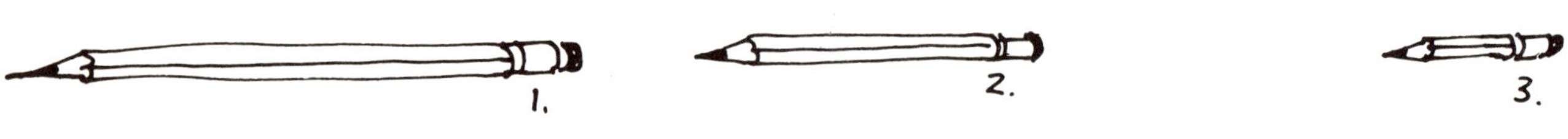

CAPÍTULO 10

AYUDA A TU HIJO A LEER MEJOR

Objetivo:
Favorecer el desarrollo de una actitud positiva hacia la lectura y crear un entorno agradable ante el hecho de leer.

Contenido:
1. Variables personales en la base de la lectura: autoestima, seguridad, motivación.
2. Actitudes que posibilitan un acercamiento a la lectura.
3. Leer es pensar.

Observaciones:
— Tu hijo es un individuo con ciertas habilidades y ciertas limitaciones. Seguramente aprenderá algunas cosas rápidamente y otras más despacio que algunos niños que conozcas.
— Tú, padre, eres un aventajado colaborador del profesor, pues ayudas a tu hijo a que practique las tácticas de lectura que aprende en el colegio.
— He de recordarte en este momento el tradicional valor del ejemplo: lee tú con frecuencia; tu hijo se sentirá incitado a ello en mayor medida.

¿Está sano tu hijo?

Para aprender a leer, hace falta energía y fuerza. Es necesario que el niño esté bien alimentado y duerma bien todas las noches.

Lleva tu hijo al médico regularmente; y, si tiene dificultades de algún tipo, haz que se le examine la vista y los oídos.

No permitas que falte demasiado al colegio, pues las ausencias lo privan de aprender cosas importantes y necesarias.

Si el niño se pone enfermo, habla con la profesora para que te indique lo que hacen en clase y que tu hijo no se retrase. Puedes ayudarle en casa.

Todo comienzo es importante.

Prepara al niño para leer

Tú puedes hacer mucho.

Cuantas más experiencias buenas tenga el niño, antes de entrar en la escuela, mejor preparado estará para aprender a leer.

Enséñale las ilustraciones de los cuentos.

Léele en voz alta (muchas, muchas veces). Comienza a leer tan pronto como el niño pueda fijar la vista en la lámina de un libro.

Inventa preguntas y contéstalas.

Habla con oraciones completas.

Háblale como a un adulto y nunca emplees el balbuceo infantil.

Haz adivinanzas.

Contempla los buenos programas de televisión y trata de que el niño los vea contigo.

Háblale del colegio y dile lo divertido que es aprender a leer.

Proporciónale experiencias a tu hijo

Para aprender a leer es necesario haber tenido experiencias. De la misma manera que sucede con otras cosas, el niño que tenga más experiencias será mejor lector.

Llévalo de paseo y habla con el niño sobre lo que veis. Los paseos a pie, por la ciudad, son fuentes de muchas experiencias y no cuestan dinero.

Léele libros variados. Si tu hijo no puede ir de viaje, por el momento, hazle viajar con la lectura.

Enséñale conocimientos de Ciencias Naturales. Háblale de las mariposas, las plantas, las hojas, los insectos y, en general, del maravilloso mundo de la naturaleza.

Deja que el niño aprenda según le permita su capacidad

Antes de que el niño esté preparado para leer su primer libro, hay muchas cosas que debe saber.

Tu hijo debe:

1. Escuchar instrucciones y ser capaz de cumplirlas.
2. Hablar con oraciones completas y saber el significado de muchas palabras.
3. Observar objetos y apreciar sus similitudes y sus diferencias.
4. Poder describir qué está pasando en la lámina que observa.
5. Ver qué objetos no deberían corresponder a una lámina y cuáles sí (según determinados sistemas de relación).
6. Recordar el tema de un cuento y poder relatar algunas partes del mismo.

Es necesario que el niño esté preparado antes de empezar a leer. No todos los niños lo están a la misma edad. Debes ayudarle en esa prelectura, pero nunca forzarlo hasta que él no se encuentre capaz de comenzar.

Cree lo que te dice la profesora. Si te dice que tu hijo necesita prepararse más, trabaja con ella en ese propósito. Más adelante, el niño leerá mejor.

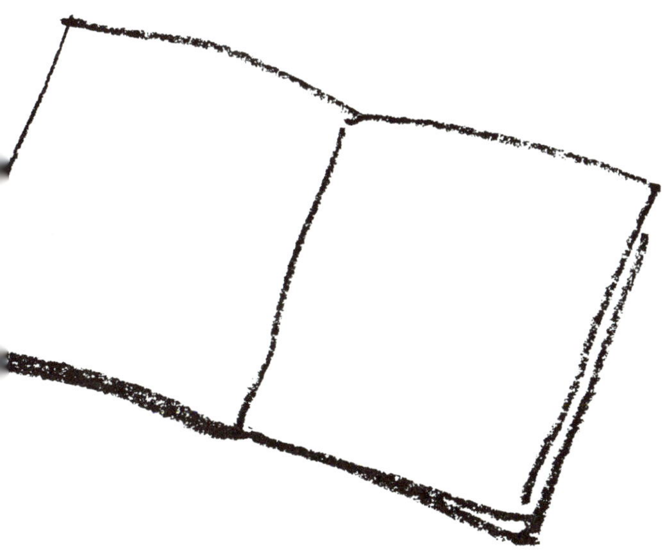

Consigue que tu hijo se sienta seguro

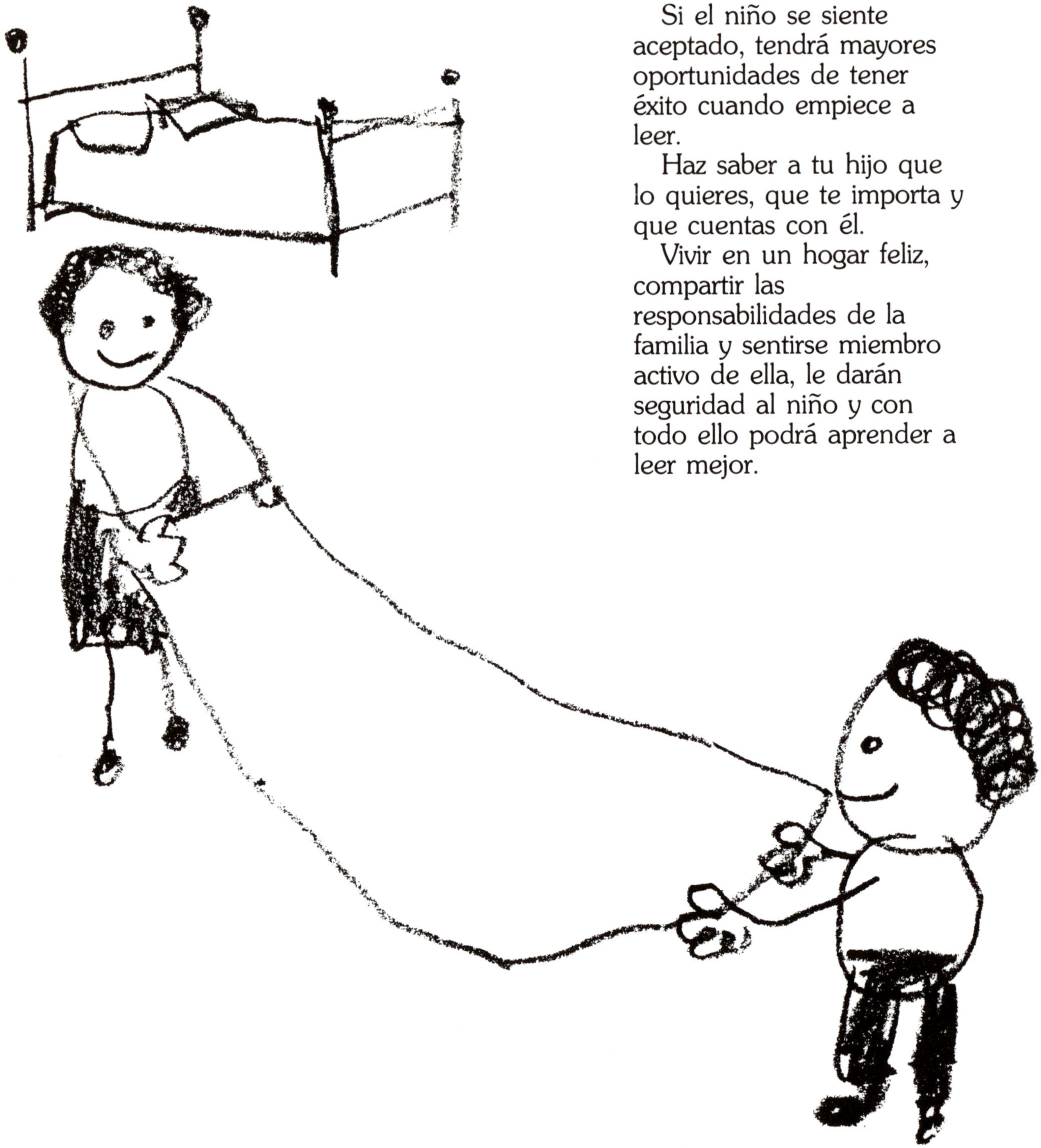

Si el niño se siente aceptado, tendrá mayores oportunidades de tener éxito cuando empiece a leer.

Haz saber a tu hijo que lo quieres, que te importa y que cuentas con él.

Vivir en un hogar feliz, compartir las responsabilidades de la familia y sentirse miembro activo de ella, le darán seguridad al niño y con todo ello podrá aprender a leer mejor.

Préstale atención, por favor

¡Qué alegría le dará al principiante ver que sus padres se interesan por lo que lee!

Leer en voz alta para sus padres es un placer para el niño.

Recuerda: siéntete complacido, paciente y escucha (sin leer el periódico).

Préstale atención al niño durante algunos minutos. Elógialo y estimúlalo.

Le encantará leer para ti.

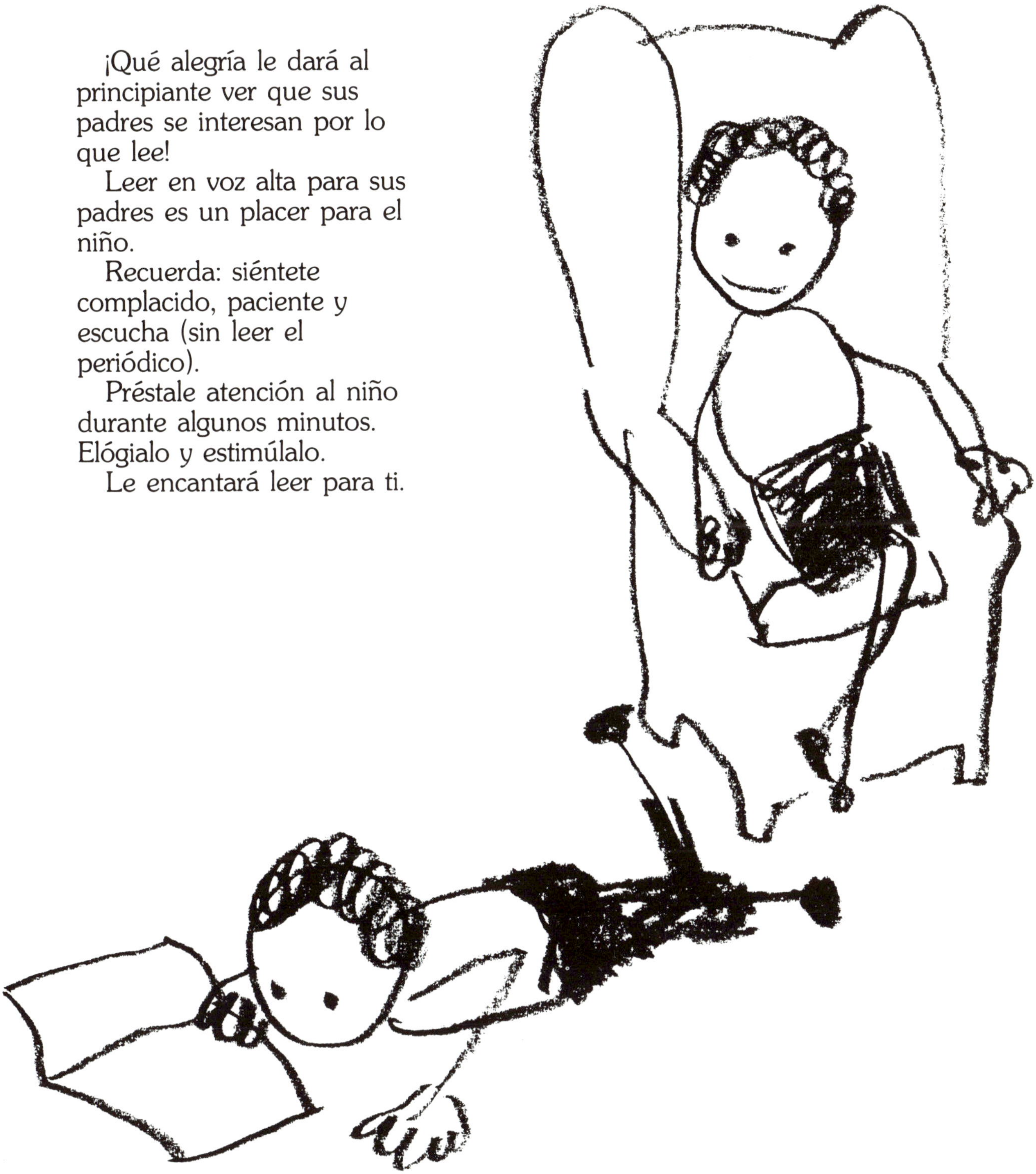

¿Qué palabra es ésta?

Cuando el niño comience a leer y no sepa una palabra, explícale lo que significa.

No le pidas que deletree las palabras, al comienzo de su aprendizaje de lectura.

¿Por qué?

Porque esto le impide captar el sentido de una oración o de una frase, si se le obliga a detenerse para leer letra por letra.

Si le pides esto, el niño leerá más despacio y las frases le saldrán entrecortadas. Su lectura carecerá de ritmo y fluidez y se olvidará del sentido de lo que está leyendo.

Así que, al principio, explícale inmediatamente la palabra que no sepa.

Más adelante, el niño irá descubriendo, por sí solo, el significado de la mayoría de las palabras.

¿Y después?

Después tendrás que dejar que el niño se defienda solo.

Sus profesores le enseñarán la mecánica de la lectura. Esto ya no es deber tuyo. Una vez que el niño tenga los fundamentos de la mecánica y comience a aprender los primeros sonidos, estimúlalo para que:

1. Mire las láminas del cuento.
2. Deje pasar la palabra que no sepa y termine la frase.
3. Relea la frase y trate de sacar el significado de la palabra que no sepa, según le dicte el sentido del párrafo.
4. Se detenga en la primera sílaba y trate de pronunciar el resto de la palabra.

Si logra leer la palabra por su cuenta, felicítalo. Haz que el niño considere el hecho como un verdadero logro.

Pero, recuerda: no lo prives del placer de leer, haciéndole demasiados ejercicios de este tipo; que los intentos sean ocasionales.

Si quieres que tu hijo aprenda a leer bien, la práctica de la lectura debe ser una experiencia agradable.

Ayúdalo en las palabras difíciles

Coche. Avión. Bicicleta.

Las palabras que el niño puede ver representadas en su imaginación le resultan fáciles.

Pero palabras como: "qué", "cuándo", "dónde", "esto", "ese", "aquellos", que no se pueden imaginar, son más difíciles de recordar.

Ayuda a tu hijo a hacer tarjetas con esas palabras y juega con él, usándolas.

Haz que el niño "suba las escaleras", usando estas tarjetas. Cada vez que acierte una palabra subirá un escalón.

Sugiérele que haga un montoncito con las palabras que reconoce a la primera y otro con las palabras que tiene que mirar más detenidamente.

Cuenta las tarjetas que hay en cada paquete y mira a ver si el de las que reconoce en seguida crece cada día.

Entretenlo con esto.

Sus profesores podrían sugerirte otros métodos de practicar.

Enseña al niño a leer como habla

Cuando tu hijo comience a leer, lo más probable es que lea palabra por palabra.

Según vaya adquiriendo práctica, la velocidad de lectura irá siendo mayor.

El niño tiene que sentir que leer es como oír hablar a alguien.

Recuérdale que debe leer frases, como hace cuando habla, y no detenerse en cada palabra.

Pero recuérdaselo amablemente, con dulzura y suavidad.

"¡Te he repetido esa palabra mil veces y aún no la sabes"

¿Has dicho esto alguna vez? La mayoría de la gente sí lo ha dicho. A veces, es muy difícil no perder la paciencia.

Pero cuando tú levantas la voz puedes herir al niño.

Puede pensar que no estás contento con él.

Puede pensar que no sirve.

Así empiezan muchos problemas en el aprendizaje de la lectura.

Así que:

1. Ten paciencia.
2. Sé espontáneo.
3. Habla bajo y suavemente.
4. No te muestres nervioso.

Escucha lo que lee tu hijo; no cómo lo lee

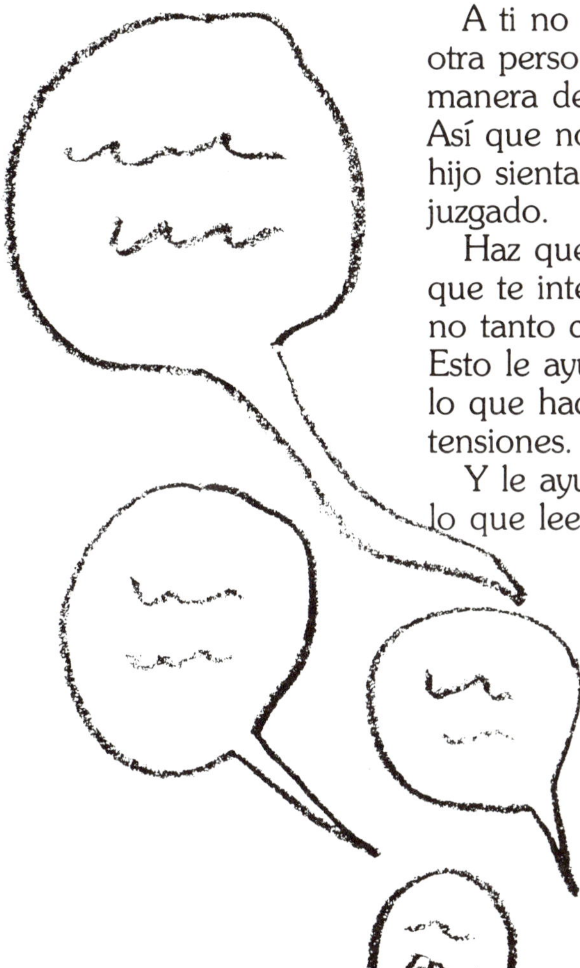

Cuando tu hijo traiga un libro a casa, siéntate y escúchalo leer.

A ti no te gustaría que otra persona juzgara tu manera de leer en voz alta. Así que no dejes que tu hijo sienta que está siendo juzgado.

Haz que el niño sienta que te interesa lo que lee y no tanto cómo lo hace. Esto le ayuda a olvidarse de lo que hace, a relajar tensiones.

Y le ayuda a pensar en lo que lee.

Leer no es pronunciar palabras.

Leer es pensar.

Habla con el niño sobre cómo son las láminas que hay en el libro y de lo que tratan.

Comenta y pregunta por ejemplo:

"¡Qué simpática es Susana!"

"¿No te parece que Lobo es un perro estupendo?"

Demuestra interés y entusiasmo.

Y, cuando el niño termine, felicítalo, si se lo merece. Si no, busca algo para elogiarlo por otro motivo.

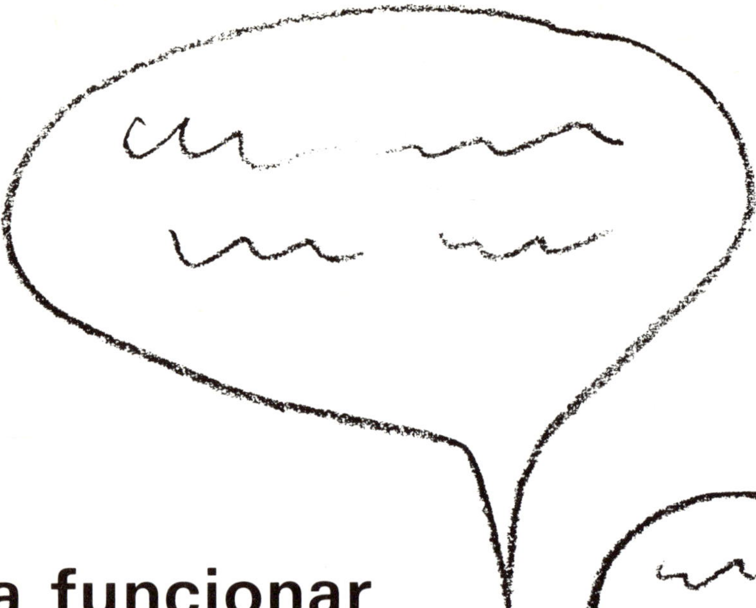

Pon a funcionar la capacidad del niño

Puede llegar un momento en que el niño disminuya la rapidez de la lectura por dedicarse a leer en voz alta solamente.

Motívale para que lea también en voz baja.

Si tienes tiempo, lee primero tú el cuento y cuéntale lo suficiente para estimularlo en la lectura del mismo.

"Entérate de lo que le pasó a Tomás."

"En este cuento hay una sorpresa. Léelo y ya me dirás cuál es."

"A mí me gustó lo que hizo María. ¿Tú opinas lo mismo?"

Tu hijo necesita algo que lo anime a leer; decirle "lee" no es suficiente.

Su capacidad necesita un empujoncito. Verás cómo se obtiene la recompensa.

¿Qué pasa cuando el niño sigue la lectura con el dedo?

En muchos colegios este hábito está prohibido.

Los profesores dicen: "Sujetad el libro con las dos manos."

Tú puedes hacer lo mismo. Así el niño no podrá seguir con el dedo palabra por palabra.

Pero recuerda que, para muchos niños, al principio, es difícil mantener la vista sobre una línea sola.

No debes preocuparte por esto. Si le das demasiada importancia a este hábito, el niño se trabará, la lectura no fluirá con naturalidad y esto será perjudicial para él.

En tal caso, permítele utilizar alguna marca debajo de la línea que vaya leyendo, siempre que sea absolutamente necesario.

Quizá los profesores de tu hijo te puedan sugerir otra cosa para ir eliminando este hábito.

Asegúrate de que el libro es adecuado

Cuando tu hijo empiece a leer, traerá a casa algún libro que esté leyendo en el colegio.

Seguramente será un libro extremadamente fácil, que no tenga ningún interés para ti, pero es importante que te muestres interesada y orgullosa del niño, que es capaz de leer esas sencillas oraciones.

Anímalo para que lea su historia favorita y dile lo amena que es. Hazle preguntas sobre los personajes y demuéstrale que te gusta el libro.

Más adelante, traerá libros que no haya leído en el colegio. La profesora se asegurará de que no sean demasiado difíciles para que el niño pueda arreglárselas sin ayuda.

Habla con la profesora, si ves que el libro es demasiado difícil, que el niño tiene dificultades leyéndolo o si pregunta más de tres o cuatro palabras en cada página.

Los profesores querrán que tu hijo esté seguro de sí mismo. Si el libro es muy difícil, el niño se sentirá frustrado, fracasado y desilusionado. Aprenderá mucho más si practica en un libro que sea fácil de leer. El éxito engendra más éxitos. El fracaso, más fracasos.

Tu hijo se dará por vencido si fracasa repetidas veces. Y nadie quiere que esto suceda.

Haz como si...

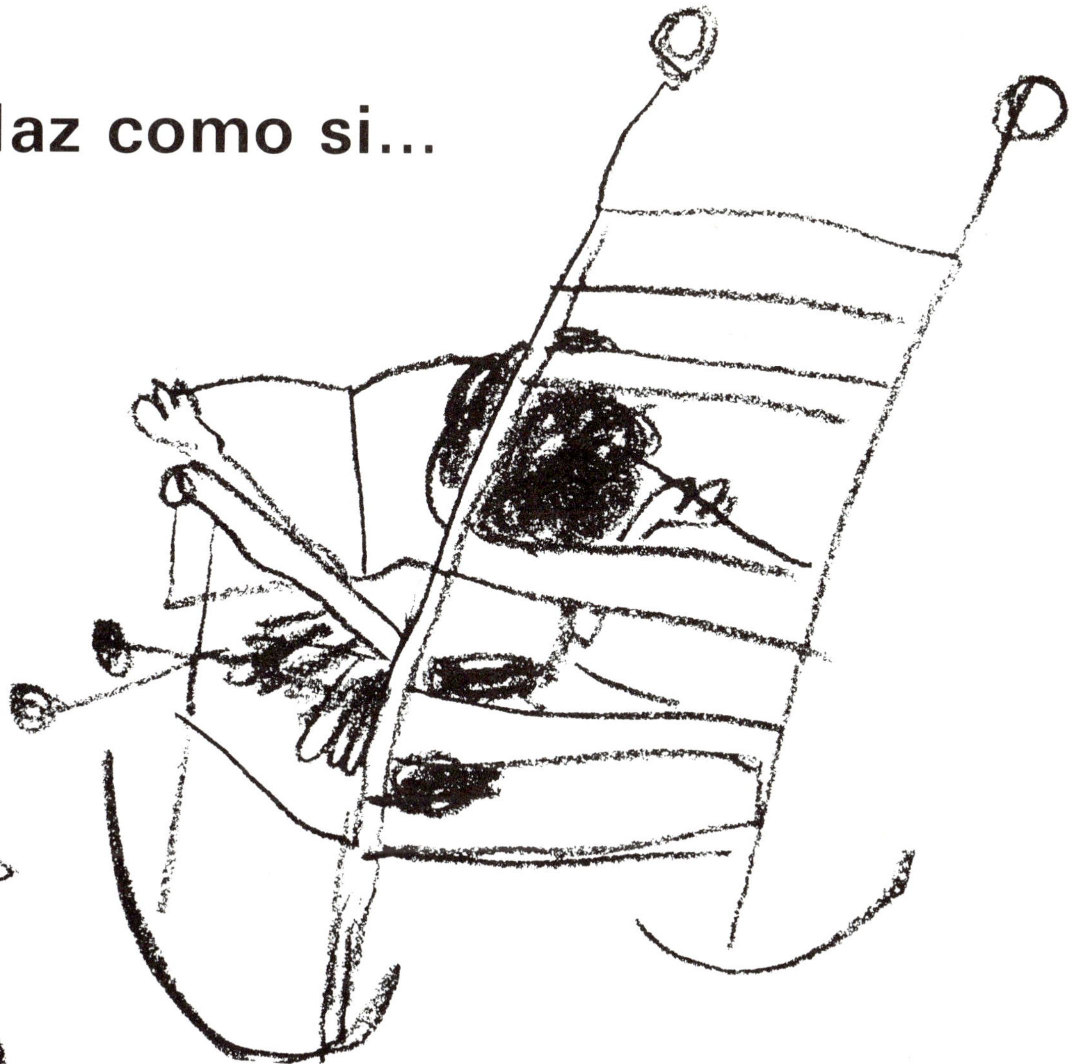

Tu hijo necesita mucha práctica. Cuanto más lea y más disfrute de la lectura, mejor lector será.

Estimula la imaginación del niño. Que haga como si estuviera en el colegio, que haga de profesor, de papá, de mamá.

Dile: "Léele este cuento al bebé para que se duerma" (y dale una muñeca). Haz como la profesora y léele a tus alumnos: «Papá, léele este cuento a los niños mientras mamá lava los platos."

¡Cómo se divertirá el niño practicando así! Disfrutará leyendo a sus hermanos. ¡Imagínate lo importante y mayor que se sentirá!

Muchos educadores opinan que una de las necesidades básicas para el éxito del niño que está aprendiendo a leer, es el concepto que tenga de sí mismo; es decir, lo que opina el niño sobre su propia persona.

Haz que tu hijo se sienta bien

Si creen que pueden, generalmente, pueden.

Tú puedes conseguir que tu hijo se estime más a sí mismo si:

1. Procuras que el libro que le interesa sea lo suficientemente fácil como para que pueda leerlo sin ayuda.
2. Le haces sentirse cómodo.
4. Le demuestras que leer es divertido.
5. No dejas que los mayores se burlen de su modo de leer.
6. Lo felicitas, por hacerlo bien.
7. Le haces saber que estás orgulloso de él.

Trata de que a tu niño le guste leer

El niño se dará cuenta de que tú quieres que avance con la lectura.

Debes demostrárselo. Déjale saber que crees en él y que sabes que aprenderá a leer pronto.

Trata de que la lectura sea una experiencia agradable para el niño y así lograrás que le guste como actividad.

Demuéstrale al niño que tú también gozas leyendo.

Cultiva en tu hijo, desde muy pronto, el amor a los libros. Enséñale que los libros son sus amigos.

Regálale libros en sus cumpleaños y en las Navidades. (No tienen por qué ser caros; hay buenos libros a bajo precio.)

Si hay una biblioteca pública cerca de tu casa, visítala y deja que el niño saque sus propios libros, una vez que haya aprendido a escribir su nombre.

Evítale presiones, ansiedades y tensiones

Si tu hijo está ansioso, preocupado, inseguro o asustado, podrá fracasar en el aprendizaje de la lectura.

Por tanto, no lo compares con sus hermanos o vecinos.

No lo presiones, ofreciéndole dinero, para que lea mejor.

No le preguntes en qué grupo está en el colegio.

Ayúdalo a que se sienta valioso, seguro, querido.

Si es así, leerá mejor.

Indicios de presión

Hay una serie de indicios que te pueden ayudar a saber si tu hijo está bajo alguna presión:

1. Hacer muecas, cuando lee.
2. Respirar hondo, como si leer fuera un enorme esfuerzo.
3. Repetir las palabras: "Veo el... el... perro."
4. Seguir las palabras con la cabeza (aunque esto es bastante corriente al principio, significa que la vista no discurre correctamente por las líneas y que el niño está esforzándose para poder leer).

Éstos, como hemos dicho, son indicios de alguna tensión emocional, y tú debes descubrir qué tensiones pueden ser, para aliviarlas.

Nunca debes imponer presiones a tu hijo: no fuerces la lectura, deja que fluya espontáneamente.

Los problemas emocionales graves provocan serias dificultades en el aprendizaje de la lectura.

¿Durante cuánto tiempo se debe practicar la lectura?

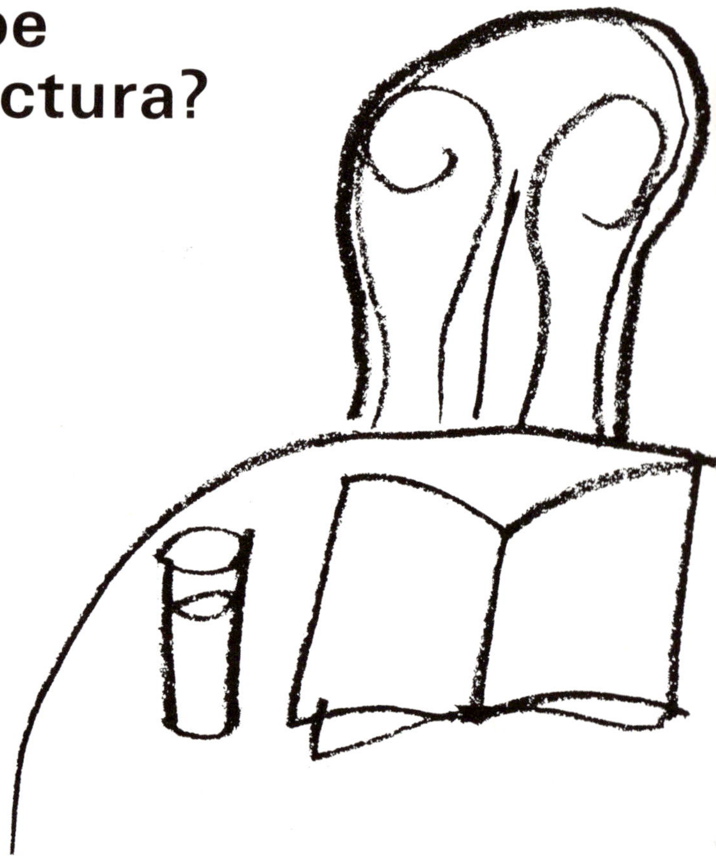

Cuanto más practique, mejor leerá.

Pero no lo prives de jugar y no dejes que se canse de leer.

Si tú le *obligas* a leer, en vez de estimularlo para que lo haga voluntariamente, podrías hacerle odiar la lectura.

Para llegar a leer bien, el niño tiene que disfrutar de y con la lectura.

No significa fracaso

Antes de que termine el primer curso de la EGB es importante que tenga una buena base técnica en lectura.

Es posible que lograrlo le cueste un año o más. *Pero esto no significa que haya fracasado.*

Todos los niños son diferentes. De la misma manera que empiezan a gatear o caminar a diferentes edades, tienen distintas etapas de aprendizaje en la lectura.

Algunos no encuentran dificultad alguna en aprender a leer. Para otros, leer es tarea difícil.

No debéis desilusionaros porque la directora del colegio o los profesores de vuestro hijo os digan que el niño necesita más tiempo para aprender a leer bien. De hecho, lo importante es que el niño sea un buen lector, con el tiempo, sin tener demasiado en cuenta lo que tarda en conseguirlo.

La lectura es un instrumento útil y necesario para toda la vida. Y el hecho de que el niño necesite más práctica de la prevista, no significa que haya fracasado.

Explicadle esto a vuestro hijo. Él estará observando vuestra reacción y se sentirá estimulado o desilusionado, según sea vuestra actitud hacia él.

Recordad...

El niño comienza a leer y, de repente, se abre ante él un mundo nuevo y excitante.

Intentad que leer le resulte entretenido.

Debe ser divertido compartir un libro con los demás.

Si a vuestro hijo no le gusta el colegio, sus profesores deben saberlo en seguida.

Ellos querrán que vuestro hijo tenga éxito y nosotros sabemos que vosotros también lo deseáis.

Mis mejores deseos para vuestro hijo.